경희사이버대학교 학술총서

경계의 언어

− 우리말 속 일본어 −

박 상 현 저

박문사

"이 도서는 2021년도 경희사이버대학교 연구비 지원에 의한 결과임."
(KHCU-2021-6)

우리말의 기초를 다져주시고 인생을 살아가는 지혜와 용기를
주신 부모님께 드립니다.

1. 참고문헌 등은 각주에서 밝힌다.
2. 일본어의 한국어 표기는 외래어표기법에 따른다. 다만 관습적으로 쓰는 표기는 존중한다.
3. 일본어를 표기할 때는 일본어 히라가나 혹은 가타가나를 쓴 후, 한자와 로마자를 병기한다. 예컨대 다음과 같다. 'とっこうたい(特攻隊, tokkoutai)'
4. 일본어 표현을 예시할 때는 '結婚の段取(kekkon no dandori)'와 같이 일본어 표기와 로마자 표기를 병기한다. 다만 경우에 따라서는 예외도 있을 수 있다.
5. 일본에서 출간된 『광사원(広辞苑)』을 자주 인용한다. 일본에서 발간된 일본어사전에는 여러 종류가 있지만 어원과 쓰임 등을 고려할 때 『광사원』이 적절하다고 판단했기 때문이다.
6. '고유 일본어'와 '일본식 외래어'에서 소개하는 어휘는 가나다의 순으로 제시한다.
7. '진하게' 같은 강조 표시는 인용자가 한 것이다.
8. 인용문에서 띄어쓰기 등은 원문 그대로 옮긴다.
9. 신문에 연재된 문학작품과 드라마 그리고 영화 제목은 < >로 나타낸다. 문학작품의 단행본은 『 』로 표시한다.

'우리말 속 일본어는 일제의 잔재다. 일본어는 오염물이고, 찌꺼기이기에 순화되어야 한다'는 명제는 부정하기 어렵다. 당위적이기 때문이다. 하지만 이 명제는 너무나 당연해서 더 생각해 볼 여지가 없어 보이는 것 같지만 사실은 그렇지도 않다. 여기서 굳이 영어 차용이나 남용을 예시하면서 '영어는 되는 데, 왜 일본어는 안 되는 가?'와 같은 형평성의 원칙을 들이대고 싶지 않다. 다른 외국어와의 형평성을 가지고 와서 위의 명제를 비판하기 전에 '우리말 속 일본어' 그 자체에 우리의 복잡한 언어 현실이 있기 때문이다.

'우리말 속 일본어'라고 해도 그것이 모두 일제강점기에 들어온 것은 아니다. 물론 대부분이 그 시기에 유입된 것은 사실이지만 광복 이후 새롭게 유입된 말도 많고, 비교적 최근에 우리의 언어생활에 편입된 말도 적지 않다. 고길섶은『스물한 통의 역사 진정서』에서 한일국교정상화 이후에 새로 들어온 일본어에는 일본식 외래어로 애프터서비스, 올드미스, 골인, 하이틴 등이 있다고 한다. 또한 일본 식 한자어에는 공해, 단지, 문화재, 생산성, 시대착오, 완전고용, 유 망주, 핵가족, 유행어 등이 있다고 한다.[1] 한편 최근에 들어온 말로는 이지메, 간지, 쓰나미, 택배 등이 있다.

---

1 고길섶『스물한 통의 역사 진정서』앨피, 2005, p.390.

일제의 잔재이기에 혹은 일제의 잔재는 아니지만 현재 우리가 쓰고 있는 일본어를 적절한 우리말로 순화하는 것은 바람직하다. 예컨대 '국민(國民)학교'를 '초등학교'로 대체한 것은 대단히 성공적이었다. 그런데 이 개칭은 사실 그리 오래되지 않았다. 1996년 3월 1일부터다. 1995년 8월 11일, 당시 교육부는 광복 50주년을 기념하기 위해 "일제의 잔재를 깨끗이 청산하고 민족정기를 바로 세우기 위해 국민학교의 명칭을 변경한다"고 발표했다. 결국 교육부라는 중앙행정기관의 강력한 의지와 법령 개정으로 명칭 변경이 이루어졌고, 초등교육 등과 같은 '초등'이라는 용어가 당시 쓰였기 때문에 '초등학교'라는 명칭이 안착했다고 생각된다. 이 밖에도 다음과 같은 일본어가 우리말로 순화되었다. 구루마(손수레, 자동차), 다꽝(단무지), 마호병(보온병), 벤또(도시락), 사라(접시), 사시미(회), 사쿠라(벚꽃), 센베이(전병), 소데나시(민소매), 스시(초밥), 시보리(물수건), 쓰리(소매치기), 쓰메끼리(손톱깎이), 에리(옷깃), 와리바시(나무젓가락), 와이로(뇌물), 요지(이쑤시개), 우와기(상의), 자부동(방석), 쿠사리(면박), 시마이(끝), 시야시(차게 함) 등이 그것이다.

그렇다면 이와 같은 국어순화운동은 누가 주도했을까? 국어순화운동은 1970년대와 80년대에 국가정책으로 적극적으로 진행되었다. 국책의 측면이 있었다는 말이다. 특히 1970년대의 국어순화운동에 대해 고길섶은 앞의 책에서

　　1970년대의 국어순화운동은 영어, 일본말, 한자말에 국한되지 않고 사투리, 잘못된 발음, 틀린 맞춤법, 비어, 폭언 등 언어

생활 전반에 걸친 것이었다. 이 운동의 문제점은 '순화'라는 말로 대중의 욕망을 방해하고, 억압하려고 했던 당시의 지배계급의 이데올로기 역할을 했다는 것이다.[2]

고 지적한다. 그런데 그 이전부터 국어순화에 대한 문제의식과 실천이 없었던 것은 아니다. 국가정책과는 별도로 최현배를 포함한 학계에서 국어순화운동에 불을 지폈다. 최현배의『우리말 존중의 근본 뜻』(정음사, 1953)을 필두로 학계에서 본격적으로 국어순화를 시작했다. 이와 동시에 민간에서도 움직임이 있었다. 이오덕의『우리글 바로쓰기 1~5』(한길사, 1992), 박숙희의『반드시 바꿔 써야 할 우리말 속 일본말』(한울림, 1996), 강재형의『애무하는 아나운서－아나운서 강재형의 우리말 에세이』(예문, 1996), 이윤옥의『사쿠라 훈민정음』(인물과사상사, 2010) 등이 그렇다.

그렇다면 국가정책을 포함하여 학계와 민간에서는 어떤 이론적 배경에서 국어순화를 진행했을까? 최현배는『우리말 존중의 근본 뜻』에서 일제강점기에서 이루어졌던 정책과 조선어 말살 정책의 영향으로 광복 후에도 우리의 언어생활에 일본어가 많이 남아 있다고 개탄한 후, 우리 사회의 모든 분야에서 일본어의 뿌리를 완전히 빼어 버려 일본어의 더러운 때를 깨끗이 씻어야 한다고 역설한다.[3] 그의 저서인『우리말 존중의 근본 뜻』에 나오는 '우리말을 깨끗이 쓰자'라는 글에는 그의 언어관 곧 '말은 겨레의 상징이자, 문화의 근원

---

2 고길섶 앞의 책, pp.387-410.
3 최현배『우리말 존중의 근본 뜻』정음사, 1953, pp.153-155.

이자, 생활의 힘'이라는 언어관이 잘 나타나 있다. 그는 자신의 언어 관을 토대로 하여 우리가 쓰는 말 가운데 일본어를 쫓아내 우리 배달 말을 깨끗이 하자고 하고, 그것으로 자주의 문화와 독립의 나라를 세우자고 역설한다. 이와 관련한 부분을 원문 그대로 인용하면 다음과 같다.

> 말은 겨레의 보람(상징)이다. 세계 겨레들은 각각 그 특유의 말을 가지고 있어, 그 말을 같이 씀으로 말미암아, 겨레스런 사랑의 줄이 연결되고, 겨레 의식이 굳어진다. 각 민족은 그 특유의 말로써 그 생활을 경영하며, 그 문화를 만들어낸다. 말은 겨레 문화의 근원이요, 기초가 되며, 겨레스런 생활의 힘이 되는 것이다. 이와 같이, 겨레와 지중한 관계를 가진 말을 사랑하며, 기르며, 북돋우는 것은, 곧, 그 민족을 사랑하며, 기르며, 북돋우는 것이 된다. 이제, 우리 겨레가 해방을 얻어, 생존 발전의 영원의 터전을 닦는 마당에 있어서, 겨레의 보람이요, 생활의 힘이요, 문화의 근원인, 우리말을 사랑하며, 살리며, 기르기 위하여, 또 배달의 문화를 세계에 빛내기 위하여, 먼저 왜적이 강제한 치욕의 흔적인 일어(일본어. 인용자)를 쫓아내 버리고, 우리 배달말을 깨끗이 하자. 그리하여, 자주의 문화를 세우며 독립의 나라를 세우자![4]

요컨대 최현배의 견해는 일본제국주의의 일본어 강요 및 조선어

---

4 최현배 앞의 책, pp.167-168.

말살 정책에 대한 비판에서 비롯되었다고 생각한다. 그리고 언어와 민족을 같다고 보는 그는 언어민족주의자였다고 볼 수 있다.

한편 이오덕은 일본어를 포함하여 외국에서 들어온 말을 '불순한 말'이라고 취급하여 배격했다. 그는 우리말과 글을 바로 쓰는 일은 무엇보다도 밖에서 들어온 불순한 말을 먼저 글 속에서 가려내어 깨끗이 하는 일부터 해야 한다고 말한다. 또한 밖에서 들어온 잡스러운 말에는 중국글자말과 일본말 그리고 서양말이 있다고 지적한 후, 특히 일본말은 중국글자말과 서양말을 함께 끌어들였고 지금도 끊임없이 끌어들이고 있다는 점에서 그 깊은 뿌리와 뒤엉킴을 잘 살펴야 한다고 말한다.[5]

박숙희는 우리말 속 일본어를 '걸림돌'이라고 평한다. 그는 『반드시 바꿔 써야 할 우리말 속 일본말』에서

> 어떤 말을 쓰느냐에 따라 한 사람의 생각과 행동이 달라지는 것인데, 우리말 속에 들어와 있는 비속어 위주의 일본어나, 한자로는 그 뜻을 가늠하기 힘든 일본식 한자어, 원어 발음과는 동떨어지고 마구 줄여 쓰는 일본식 외래어는 건강한 우리말과 생각을 해치는 걸림돌이 아닐 수 없다.[6]

고 말한다.

강재형은 『애무하는 아나운서 – 아나운서 강재형의 우리말』에세

---

5 이오덕 『우리글 바로쓰기 1』 한길사, 2014, pp.15-16.
6 박숙희 『반드시 바꿔 써야 할 우리말 속 일본말』 한울림, 1996, p.13.

이』에서 우리 언어생활에 쓰이는 일본어를 '찌꺼기'라고 말한다.

세종대왕이 한글을 반포한 지 550돌. 그에 견주면 또 별것 아 닌 35년 동안만 일제강점 아래 있었다. 정말 짧은 그 세월 동안 일본은 우리에게 너무 많은 것을 남겼다. 일본말 찌꺼기가 그 가운데 하나다. 오천 년 역사의 1/10도 아닌 세월이 우리말을 병들게 했다. 하루빨리 이 '병'을 고쳐야 한다. …… 아직도 일 본이 뿌린 일본말의 씨앗은 사라지지 않고 있다. 지금 하고 있 는 작은 몸부림이 일본말 찌꺼기를 솎아내는 작은 밑거름이 되 기 바란다.[7]

이윤옥이 생각하는 우리말 속 일본어도 '독버섯'이고 '찌꺼기'다. 그는 『사쿠라 훈민정음』에서

우리 말글 속에 꼭꼭 숨어 독버섯처럼 질긴 생명력으로 우리 의 영혼을 갉아먹고 있는 일본말 찌꺼기를 청산해야겠다는 강 한 의지를 보이는 사람도 적고, …… 더 나아가 우리말 속의 일 본말 찌꺼기를 캐내는 작업은 단순한 언어정화 차원뿐만이 아 니라 우리 겨레의 자존심과 혼을 맑게 하는 작업임을 믿습니다.[8]

---

7 강재형 『애무하는 아나운서―아나운서 강재형의 우리말 에세이』 예문, 1996, pp.11-12.

8 이윤옥 『사쿠라 훈민정음』 인물과사상사, 2010, pp.5-6.

라고 힘주어 말한다.

미국인이자 한국인인 임마누엘 페스트라이쉬[9]와 한국인인 고산도 공저한 『한국인만 모르는 한국의 보물』에서 언어민족주의를 표방하면서 한글 사랑을 말하고 있다.

언어는 대화하고 지식을 전달하는 수단을 넘어 민족의 역사를 담고 있고 정신과 혼을 간직하고 있다. 한국이 한민족이란 정체성을 유지하고 있는 것도 바로 언어와 문화가 같아 서로 쉽게 소통할 수 있기 때문이다. …… 자신의 언어와 문자(한글. 인용자)를 사랑하지 않는다면 언어를 잃는 것을 넘어 정신을 잃고 분리된다는 사실을 기억해야 한다.[10]

이상과 같이 최현배에서 시작된 언어관 곧 언어민족주의는 이오덕, 박숙희, 강재형, 이윤옥 등으로 면면히 이어져 오고 있다. 그리고 이 언어관은 현재도 우리 사회에서 상당한 영향력이 있는 언어관이라고 말할 수 있다.

그러나 국어순화운동에 누구보다도 앞장섰던 최현배조차도 『우리말 존중의 근본 뜻』에서 우리나라에 없는 물건이 일본에서 들어와서 오랜 세월 동안 사용되어 우리말로 익은 것은 구태여 없애지 않아도 된다고 말한다. 예컨대 가방, 구두, 우동, 기차, 인력거 등은 외래

---

9 그는 이중국적자다. 한국명은 이만열이다.
10 임마누엘 페스트라이쉬·고산 『한국인만 모르는 한국의 보물』 북스타, 2020, p.217.

어로 인정하자는 것이다.[11] 그리고 이처럼 외래어로 받아들일 수밖에 없는 일본어는 특히 '일본식 한자어'에 대단히 많다. 예컨대 사회, 자유, 권리, 자연, 개인, 사진[12] 등 일본이 근대화를 진행하던 시기에 서양의 문화와 문물을 한자로 옮긴 일본식 한자어는 한자어라는 특성상 저항감이나 위화감 없이 우리 사회에 흡수되었다. 이뿐만이 아니다. 철학이라는 용어도 그렇고, 철학적 사고를 할 때 사용하는 거의 모든 개념이 일본식 한자어에서 왔다고 봐도 틀리지 않는다. 국문법 용어는 또한 어떤가? 형용사, 보조조사, 격조사 등도 일본식 한자어다. 순행동화, 역행동화라는 용어도 마찬가지다. 따라서 이제와서 형용사를 그림씨로, 보조조사를 도움토씨로, 격조사를 자리토씨로 각각 순화하자[13]고 해도 현실적으로는 쉽지 않다. 우리가 형용사, 보조조사, 격조사 등의 용어에 너무 익숙해져 있기 때문이다. 이들 용어는 일본어에서 온 외래어가 아니라 이미 우리말이 되어 버렸다.

이런 사례는 셀 수 없을 정도로 많다. 비근한 예이지만 스포츠 용어에도 일본식 한자어가 상당하다. 야구를 예로 들어보자. '야구(野球)'라는 말 자체가 영어 baseball을 일본식 한자어로 번역한 것이었다. 투수, 포수, 타자, 일루수, 이루수, 삼루수, 내야수, 외야수, 좌익수, 우익수, 중견수, 지명타자, 대타, 삼진 등도 그렇다. 야구를 좋아하는 필자는 '삼진'을 왜 '삼진'이라고 부르는지 알 수 없었다. 일본어를 공부하면서 '삼진'이란 'さんしん(三振, sansin)' 곧 타자가 방

11 최현배 앞의 책, pp.167-168.
12 최경옥 『번역과 일본의 근대』 살림, 2005, pp.29-56.
13 최현배 앞의 책, pp.158-160.

망이를 세 번 휘둘렀기 때문에[14] '삼진'이라고 부른다는 사실을 알게 되었다.[15]

이처럼 이미 우리말이 되어 버린 일본어가 적지 않기에 언어민족주의는 자칫 잘못하면 자가당착에 빠질 위험성이 있다. 그러기에 복거일은 국어순화에 대해 쓸모와 효용이라는 관점에서 언어민족주의의 한계를 극복하려고 했다. 그는 『국제화 시대의 민족어』에서 「우리 언어를 합리적으로 다듬는 길」이라는 글을 실었다. 거기서 그는

> 우리 언어를 다듬으려는 사람들이 예외 없이 보이는 강박관념들 가운데 하나는 일본어에서 나온 말들은 우리 삶에서 몰아내야 한다는 생각이다. 그래서 '국어순화'는 실질적으로는 일본어에서 나온 말들을 몰아내는 일을 뜻했고 어느 사이엔가 그것은 하나의 전통으로 자리 잡았다. …… 그런 전통을 떠받드는 사람들은 일본어에서 나온 말들은 그것들이 일본어에서 나왔다는 사실만으로도 우리 언어에 들어올 자격을 잃어버렸다고 여긴다. **생김새나 명료성이나 우리 언어에서 맡은 몫과 같은 실질적으로 중요한 조건들은 아예 고려되지도 않는다.**[16]

위 인용문에서 복거일은 '(일본어에서 온 말의. 인용자)생김새나

---

14 물론 반드시 그런 것은 아니지만.

15 야구 용어에 관해서는 다음과 같은 책이 도움이 된다. 이 책의 미덕은 야구 용어뿐만 아니다. 일본인이 야구를 어떻게 생각하고, 야구를 통해 인생철학을 만들어 간다는 것을 알 수 있다는 점에서도 유익한 도서라고 생각한다.
고다마 미쓰오 『오타니 쇼헤이의 쇼타임』 차선책, 2023, pp.5-236.

16 복거일 『국제화 시대의 민족어』 문학과지성사, 1998, pp.127-128.

명료성이나 우리 언어에서 맡은 몫과 같은 실질적으로 중요한 조건들은 아예 고려되지도 않는다'고 말하면서 언어민족주의를 비판한다. 그의 비판에는 귀를 기울일 만한 부분이 있기는 하지만 구체적이지 않다는 점은 아쉬움으로 남는다.

또한 이한섭은 『일본어에서 온 우리말 사전』에서 국어순화운동으로 가꾸(액자), 가마보코(생선묵), 간즈메(통조림) 같은 일본어 발음으로 유입된 일본어 어휘는 우리말에서 많이 사라졌다고 말한다. 하지만 일본어 어휘의 대부분을 차지하는 일본식 한자어는 그대로 남아 있는 것이 현실이라고 강조하면서

> 일본어에서 들어온 어휘들은 대부분 개화기 이후의 불편한 한일 관계의 산물인 것이 사실입니다. **그러나 지금은 거의가 우리말 어휘 속에 녹아들어 나름대로 그 역할을 다하고 있습니다.** 이런 점을 생각할 때 이제는 이들 어휘를 영어나 프랑스어, 중국어에서 온 말과 같이 외래어의 일부로 보아야 될 시점에 왔다는 생각이 듭니다.[17]

라고 말한다. 그의 견해에 동감한다. 하지만 일본어 어휘가 '우리말 어휘 속에 녹아들어 나름대로 그 역할을 다하고 있습니다'라는 부분이 구체적으로 무엇을 가리키는지 명확하지 않다는 점은 아쉽다.

언어민족주의라는 관점에서 할 수 있는 일은 우리의 언어생활에 남아 있는 일본어 가운데 대체할 수 있는 일본어는 적절한 우리말로

---

17 이한섭 『일본어에서 온 우리말 사전』 고려대학교출판부, 2014, p.21.

순화하는 것이다. 하지만 여기에는 한계가 있다. 현재 우리가 사용하는 말에는 너무 친숙하고 익숙한 나머지 지금에 와서는 순화하기 어려운 일본어가 상당히 있다. 또한 일본어라는 의식조차 없이 쓰고 있는 일본어도 무시하지 못할 만큼 많다. 예컨대 영어 아파트먼트 하우스(apartment house)의 준말인 아파트가 대표적이다. 아파트는 일본어 'アパート(apart)'의 우리말 표기다. 결국 언어민족주의라는 관점에서 시작된 국어순화운동은 자가당착에 빠질 위험성이 없지 않다고 생각한다.

지금까지 국어순화운동은 많은 성과를 거두었다. 하지만 과제도 적지 않다고 생각한다. 그 과제를 생각할 때 유종호가 쓴 『사라지는 말들-말과 사회사』가 참고가 된다. 이 책은 농경사회에서 산업사회로 사회가 변동하면서 혹은 경제 변동 등으로 사라진 우리말을 사회사라는 관점에서 살펴보고 있다.

현기증 나는 사회 변화를 반영하여 우리말도 속도감 있게 변화하였고 또 변화하고 있다. 어사(語辭, 인용자)는 저마다의 소리와 뜻, 섬세한 음영과 폭넓은 연상대(聯想帶), 그 나름의 역사적인 함의를 가지고 있다. 이러한 어사의 특성은 사회적이면서 한편으로는 사사로운 부분을 가지고 있다. 이 책에서 다루고 있는 것은 사회 변화의 일환으로서의 어사 변화의 구체적인 양상이요, 그 쓰임새의 변화이다. …… 이제는 옛말이 돼버린 듯한 어사를 검토해본다는 것은 내게는 …… 사회사적 탐방이었다.[18]

18 유종호 『사라지는 말들-말과 사회사』 현대문학, 2022, p.6.

책 제목인 『사라지는 말들 ─ 말과 사회사』와 위 인용문에서 알 수 있듯이 유종호는 사회사적 관점에서 사라지는 우리말을 예시하면서 그 말의 변화와 쓰임새를 구체적으로 탐구했다. 그가 말을 바라보는 관점은 본서와 다르지 않다. 다만 그 대상이 다를 뿐이다. 곧 그가 사라지는 말들을 주로 고찰했다고 한다면 이 책은 우리의 언어생활에 유입된 고유 일본어와 일본식 외래어 등을 검토하여 사라지는 말들과 더불어 지금도 살아남아 있는 말들도 살펴보고자 한다.

국어순화운동은 순화했던 일본어 혹은 순화하려는 일본어가 당대의 한국 사회에서 담당했던 언어적 역할 혹은 실제로 그 말을 사용했던 언중(言衆)이 그 말에 담아냈던 의미와 뉘앙스에 대해서는 그다지 관심을 기울이지 않았다. 곧 언중의 주체성에 관해서는 관심이 없었다. 언어를 생명체[19]라는 관점에서 그리고 언어를 다양성의 관점에서가 아니라 언어민족주의라는 관점에서만 바라봤기 때문이라고 생각한다. 일본어가 우리 사회에 유입될 때 그대로 이식되는 경우도 있다. 하지만 언어는 생명체이기에 한국 사회에 편입된 일본어는 우리 사회와 언중의 현실을 반영하여 발음뿐만이 아니라 의미에 변용이 생길 수 있다. 그리고 발음과 의미에 변용이 생긴 '일본어'는 (사라지는 말들뿐만이 아니라 현재까지도 생명력 있게 살아남아 있는 말들도) 이미 더 이상 본래의 '일본어'가 아니다. 우리에게 귀화한 우리말이라고 볼 수 있다. 왜냐하면 변용된 의미로 사용되고 있는 일본어는 '일본어

---

19 정갑영은 『데메테르의 지혜로운 선택』에서 경제도 생명체라는 관점에서 봐야 한다고 강조한다. 경제도 언어처럼 변화하기 때문이다.
정갑영 『데메테르의 지혜로운 선택』 삼성경제연구소, 2009, p.145.

의 문맥'이 아니라 '우리말의 문맥'에서 쓰이고 있기 때문이다.[20]

결국 본 저서에서는 우리말로 대체할 수는 있지만 그렇게 했을 때 그 단어의 의미와 뉘앙스가 제대로 살아나지 못하는 일본에서 유래한 일본어 곧 '변용된' 일본어에 주목하고자 한다. 이에 대한 논의가 지금까지 충분히 이루어지지 않았기 때문이다. 또한 언어의 생태계와 다양성이라는 측면에서 이 문제가 중요하기 때문이다. '우리말 속 일본어'는 이제 새로운 관점에서 접근해야 할 시점에 와 있다고 생각한다.

본서는 두 개의 장으로 구성되어 있다. '제1장 고유 일본어'에서는 가오, 간지, 고데, 구라, 나가리, 나라시, 노가다, 단도리, 닭도리탕, 독고다이, 무데뽀, 삐끼, 사쿠라, 소바, 시다, 시야시, 쓰나미, 앗싸리, 야메, 엥꼬, 오뎅, 와꾸, 유도리, 이빠이, 찌라시와 같은 일본어에서 유래한 어휘를 살펴보려고 한다. '제2장 일본식 외래어'에서는 뎀뿌라, 레지, 미싱, 빠꾸, 빵구, 아파트, 파마와 같은 일본식 외래어를 검토해 보고자 한다. 이들 '고유 일본어'와 '일본식 외래어' 중에는 세대에 따라 그 사용 빈도가 다를 수 있다. 더 나아가 어떤 세대에서는 이미 사어(死語)가 됐을 수도 있다. 그럼에도 본서에서 이들 어휘를 살펴보고자 하는 것은 이들 어휘가 비록 일본에서 유래했기는 하지만 한국 사회의 언중에 의해 의미 변용 등을 거쳐 사용됐기 때문이다. 그리고 적지 않은 어휘가 지금도 우리말 속에 살아남아 있기 때문이다.

---

20 1951년생인 이병철은 『모국어를 위한 불편한 미시사』에서 자신의 세대가 일본어를 내치지 못하고, 영어는 제대로 받아들이지 못한 채 우리말조차 어정쩡하게 쓰는 혼란스런 시대를 살았다고 말하면서 우리말 속 일본어에 대해 어휘 측면에서 언급하고 있다. 다만 그는 일본어의 변용이나 변용된 일본어가 우리 사회와 어떤 관련을 맺어왔는가에 대해서는 적지 않았다.
이병철 『모국어를 위한 불편한 미시사』 천년의상상, 2021, pp.30-31.

목차

제1장

고유 일본어

가오

【かお(顔, kao)】 『광사원(広辞苑)』[21]

첫째, 눈, 코, 입이 있는 두부(頭部)의 전면. 또는 비유적으로
 이와 모양이 비슷한 물건 모양에도 사용한다

둘째, 다른 사람에게 영향력을 행사하는 사람. 또는 그런 힘.
 지명도

셋째, 그 집단의 대표적인 인물

넷째, 체면

다섯째, 구성원으로서의 개개인

여섯째, (비유적으로)모습

---

[21] https://dic.daum.net/KOJIEN(검색일: 2022.10.27.)

언제부터인지 잘 모르겠지만 "그 아가씨는 이 가게의 '가오마담'
이야" 혹은 "그 아가씨는 이 가게의 '얼굴마담'이야"라는 말을 들었
다. 일본어를 몰랐던 때였지만 문맥상 '가오'가 '얼굴'을 뜻한다는
것을 직감적으로 알 수 있었다. 그리고 '가오마담' 곧 '얼굴마담'이
라고 불리는 아가씨가 '그 가게를 대표하는 사람'이라는 것도 느낄
수 있었다.

박숙희는 『우리말 속 일본말』에서 '가오마담'에 대해 다음과 같이
자세히 언급한다. 요즘 쓰는 표현으로 바꾸면 가게나 업소의 '에이
스(ACE)'라는 말이다.

> 지금은 커피 전문점이나 서구식 카페에 밀려 다방 이름을 내
> 건 찻집이 어쩌다 눈에 띄는 정도가 됐지만, 다방이 성행하던
> 70~80년대만 하더라도 동네 다방에는 어디나 '가오마담'이 하
> 나씩 있었다. 곱게 치장을 하고 웃는 얼굴로 손님을 맞이하는
> 게 그들의 임무였는데 **그 다방의 얼굴 간판 노릇을 한다고 해
> 서 '가오마담'이란 별칭으로 불렸다.**[22]

그런데 '가오'는 얼굴만 의미하지 않는다. '가오'의 쓰임에 대해서
김한배는 『우리말을 좀먹는 우리말 속의 일본말』에서 아래와 같이
자세히 설명하고 있다.

> 우리는 이 말을 '얼굴'이라는 뜻으로 '가오'라고 말한다. '**체**

---

22 박숙희 『우리말 속 일본말』 한울림, 1996, p.28.

면을 세우다'라고 하는 말을 '가오 세운다'라고 말하고 '체면
상 얼굴을 내민다'라는 말을 '가오만 내민다'라고 말하고, 주로
젊은 사람들은 '**잘난 척한다**'라고 하는 말을 '**가오 세운다**' 또
는 '**가오 잡는다(폼 잡는다)**'라고 말한다.[23]

요컨대 우리는 '가오'를 얼굴, 대표적인 인물, 체면, 잘난 척, 폼
(form) 등의 의미로 쓰고 있다고 말할 수 있다.

그렇다면 우리는 이 '가오'라는 말을 언제부터 사용했을까? 정확
한 것은 알기 어렵지만 지금도 널리 쓰인다는 점에서 상당히 이른 시
기부터 사용했다고 추정된다. 예컨대 1980년 10월 8일자 『동아일보』
에는 강용준의 <천국으로 이르는 길>이라는 작품이 연재되고 있었
는데 거기에는 다음과 같이 나온다.

> "그래, 내가 할 일은 뭐유?"
> "**가오(얼굴=체면)**가 다쳐서는 안 되는 어느 노털(늙은이) 몽
> 짜루(부자) 하나가 쌕푼이(색을 바치는 여자)를 데리고 사는 모
> 양이다. 곁다리(정부)하고 놀아나는 건 틀림이 없는데 자기는
> **가오**도 있는 데다가 능력도 없어서 안 되겠고 그래 좀 도와달라
> 는 얘기야"[24]

위 인용문에서 '가오'는 체면의 뜻으로 쓰이고 있는데, 이런 사용

---

23 김한배 『우리말을 좀먹는 우리말 속의 일본말』 동언미디어, 2006, p.25.
24 『동아일보』(1980.10.8.) <천국으로 이르는 길>

례는 1980년대 언론에 다수 보인다.

그런데 2019년에 이 '가오'라는 말이 크게 회자되었다. 동양대학교 교수였던 진중권이 대학에 사표를 내면서 SNS에 '내가 돈이 없지 가오가 없나'라는 말을 남겼기 때문이다. 이때 그가 쓴 '가오'는 자존심 혹은 자부심에 가까운 의미라고 볼 수 있다. '내가 돈이 없지 가오가 없나'라는 표현에 대해 2019년 12월 10일자 『동아닷컴』은 다음과 같이 자세히 설명하고 있다. 이 표현은 꽤 유명한 것인데, 고(故) 강수연 배우가 원조라고 한다.[25]

> 이 말은 지난 2015년 개봉한 영화 '베테랑'에서 극중 형사 서도철(황정민 분)이 했던 대사다. 재벌 3세 조태오(유아인 분) 편에 선 동료 형사에게 이렇게 말한다. "너 돈 먹었지? 같은 식구라고 보자보자 하니까. 야, 우리가 돈이 없지 **가오**가 없어? 수갑 차고 다니면서 **가오** 떨어질 짓 하지 말자."
>
> '**가오**'는 일본말로 얼굴이라는 뜻이지만, 체면·자존심을 의미하기도 한다. 아무리 힘들고 어렵더라도 자존심을 버리고 현실에 타협하지 말자는 대사인 것이다. 영화가 흥행하고 많은 이들이 이 말을 따라 했다.
>
> 하지만 이 명대사도 원조는 따로 있다. 바로 베니스영화제 여우주연상 수상 배우 강수연이다.

---

25 2023년 5월 9일자 『한겨레신문』에 따르면 "돈이 없지 가오가 없냐"라는 강수연의 말은 배우로서의 자긍심을 나타낸 표현이었다고 한다.
『한겨레신문』(2023.5.9)

강수연은 부산국제영화제가 한창 부침을 겪던 시절 풀 죽어 있던 영화계 동료들에게 "야, 우리가 돈이 없지 **가오**가 없냐"고 말하며 자주 다독였다고 한다. '베테랑'의 연출자인 류승완 감독은 한 인터뷰에서 "강수연 선배의 그 말이 마음에 확 박혀서 언젠가 대사로 써먹어야겠다고 결심했는데 이번에 제대로 썼다"고 설명했다.[26]

그렇다면 이 '가오'의 원조인 일본어 'かお(顔, kao)'는 어떤 의미일까? 앞에서 예시한 일본어사전에는 여러 가지 의미가 있는데 그중에는 우리가 쓰는 '집단의 대표적인 인물'이나 '체면'이라는 것이 있다. 하지만 잘난 척이나 폼(form) 혹은 자존심(자부심) 같은 의미는 없다. 또한 '집단의 대표적인 인물'이라는 의미를 나타낸다고 하더라도 '가오마담' 혹은 '얼굴마담'이라는 표현도 일본어에는 없다. 일본어에서 이런 의미로 쓰는 표현은 'かんばんむすめ(看板娘, kanbanmusume)' 곧 '간판 아가씨'다. 게다가 이 '얼굴마담'에는 우리의 정치문화까지 들어가 있는데, 그것은 '국무총리'를 '얼굴마담'으로 부르는 것에서 잘 드러난다.[27]

우리가 쓰는 '가오'라는 말은 일본어 'かお(顔, kao)'에서 유래한 것은 분명하다. 하지만 자존심을 중요시하는 우리 문화와 만나서 그 의미가 잘난 척이나 폼(form) 혹은 자존심(자부심)으로 확장 변

---

26 『동아닷컴』(2019.12.10.) 「진중권 "내가 돈이 없지 가오가 없냐"…원조는 따로 있다?」
27 『한국일보』(2014.7.4.) 「예나 지금이나 얼굴마담… 국무총리 잔혹사」

용됐다고 생각한다. 따라서 2015년 8월 13일자 『한국일보』에 실린 「'가오'와 '간지'」에 나오듯이 '가오'를 단순히 '일상적으로 쓰는 말 가운데 일본어 잔재'라고 치부하는 것은 바람직하지 않다고 생각한다. 언어 사용에서 우리의 주체성이 간과되기 때문이다.

【가오】

첫째, 얼굴

둘째, 대표적인 인물

셋째, 잘난 척

넷째, 폼

다섯째, 자존심(자부심)

간지

【かんじ(感じ, kanzi)】 『광사원』[28]

첫째, 피부 등에서 외부의 자극을 받는 것. 감각

둘째, 사물이나 사람에 접촉하여 생기는 생각. 감상(感想).

인상. 분위기

---

28 https://dic.daum.net/KOJIEN(검색일: 2023.2.28.)

얼마 전에 김용민 교수의『공부란 무엇인가』라는 책을 읽었다. 동양사상 전공자이자『논어』전공자답게 그의 글에는 배울 부분이 많았다. 다만, 비유가 많은 그의 글은 장점이기도 하지만 단점이기도 하다는 느낌을 지울 수 없었다. 이런 생각을 하면서『공부란 무엇인가』를 읽다가 다음 문장을 보는 순간 미소를 머금게 되었다. 그가 '간지'라는 말을 사용하고 있었기 때문이다.

공부가 즉각적인 쓸모와 거리가 멀면 멀수록, 묘한 '**간지**'가 난다는 것이다. …… 이를테면, 라틴어나 한문 공부, 혹은 초서 읽기나 암벽 등반은 어떤가. 현실적으로 무슨 이득을 가져다주는지 언뜻 불분명한 일들에 성심껏 종사하는 이들에게는 자기 통제력을 놓지 않는 파계승 같은 '**간지**'가 감돈다.[29]

재테크[30] 분야에서 비교적 이름이 널리 알려진 유수진도『부자언니 부자연습』에서 '간지'를 다음과 같이 쓰고 있다.

생각만 해도 정말 **간지**가 난다. 주식 배당금 받아서 가는 여행이라니. 남들은 카드 할부로 가고 여행계 들어서 가고 적금 깨서 여행 갈 때 우리는 배당금 받아서 그 돈으로 여행을 간다

---

29 김영민『공부란 무엇인가』어크로스, 2020, p.87.

30 '재테크'라는 말은 '財tech'와 같이 한자어와 영어로 구성되어 있다. 잘 알려져 있듯이 이 말은 일본에서 유래했다. 저축과 투자 그리고 재테크로 노후를 준비해야 한다는 제언이 있어 소개한다.
송양민『준비된 노후는 아름답다』삼성경제연구소, 2008, pp.15-283.

니 이 얼마나 멋진 일인가![31]

언제부터인가 '간지'라는 말이 간간이 귀에 들어왔다. '멋있다' '세련되다' 같은 어감을 주는 '간지'가 쓰이기 시작한 시기에 대해 홍근은 『재미로 읽어 보는 우리말 속의 일본어』에서

약 10~15년 전부터 일반인들 사이에서 조금씩 사용되더니 지금은 너나 할 것 없이 일반 대중들 사이에서도 많이 쓰이는 단어이다. 하지만, 그 이전부터도 영화나 사진 등 방송, 영상 관계의 일이나 광고 업계의 일을 하는 전문가들 사이에서는 그들만의 전문 용어 비슷하게 쓰이고 있었다.[32]

라고 말한다. 이를테면 한국광고총연합회의 홈페이지[33]에는 '간지 나는 브랜드 2015.9월호-Minimalism' 같은 문구가 보인다.

잘 알려져 있듯이 우리가 쓰는 '간지'는 일본어 'かんじ(感じ, kanzi)' 에서 유래했는데 일본어 'かんじ(感じ, kanzi)'는 어떤 의미일까? 앞에서 이미 제시했듯이 일본어 'かんじ(感じ, kanzi)'는 감각, 감상, 인상, 분위기 등을 뜻한다. 예컨대 'わびしい感じ(wabisii kanzi)'라고 하면 '쓸쓸한 느낌'이 되고, '感じのいい人(kanzi no ii hito)'라고 하면 '인상(느낌)이 좋은 사람'이 된다.

---

31 유수진 『부자언니 부자연습』 세종서적, 2017, p.234.

32 홍근 『재미로 읽어 보는 우리말 속의 일본어』 북램, 2019, p.33.

33 https://www.adic.or.kr/mobile/journal/column/info.mjsp?ukey=411819(검색일: 2022.11.8.)

일본어 'かんじ(感じ, kanzi)'에는 우리가 쓰는 '간지'의 의미인 '멋있다' 혹은 '세련되다'와 같은 의미는 없다. 2006년 9월 18일자 『중앙일보』는 '간지'가 '느낌'을 의미하는 일본어 'かんじ(感じ, kanzi)'에서 왔다고 지적하면서 '간지'에 대해 다음과 같이 자세히 말하고 있다.

> 요즘 '간지나다'는 말이 '멋스럽고 세련되다'를 의미하는 신세대의 유행어로 많이 쓰이고 있기 때문이다. 하지만 '간지나다'는 일본어를 우리말에 갖다 붙인 적절하지 않은 표현이다. '간지나다'의 '간지'는 일본어 '感じ(かんじ)'에서 온 말이다. '感じ(かんじ)'는 '느낌'이라는 뜻이므로, '간지나다'는 '(좋은) 느낌이 나다' '느낌이 오다'는 의미로 이해할 수 있겠다. 이런 의미가 점차 확장돼 '멋있고 세련된 느낌이 팍 오는 스타일'이라는 뜻이 된 것이다.[34]

또한 2011년 4월 5일자 『중앙일보』는 '간지'의 용례를 아래와 같이 자세히 소개하고 있다.

> 젊은이들이 많이 쓰는 언어 가운데 '간지난다'가 있다. '간지나는 옷' '간지 스타일' 등 주로 패션과 관련해 사용되는 말이다. 최근에는 '간지나는 노래' '간지나는 축구' '간지나는 이름' '간지나는 차' 등 분야를 가리지 않고 마구 쓰이고 있다.[35]

---

34 『중앙일보』(2006.9.18.)
35 『중앙일보』(2011.4.5.)

이미 언급했지만 일본어 'かんじ(感じ, kanzi)'에는 우리가 쓰는 '간지'의 의미 곧 '멋지다'와 '세련되다'와 같은 의미가 없다. 일본어에는 '멋지다'와 '세련되다'와 같은 뜻을 가지고 있는 단어가 몇 개 있는데, 그중에 대표적인 말은 영어 cool의 외래어 표기인 'クール(cool)'다. '멋지다' 혹은 '세련되다'라고 말할 때 고유 일본어인 'かっこいい(kakkoii)' 등이 있지만 젊은이와 대중매체를 중심으로 'クール(cool)'라는 표현이 급속히 퍼져가고 있다. 'クール(cool)'가 'かっこいい(kakkoii)'보다 더 멋있고 세련되어 보이기 때문이라고 생각한다.

국립국어원은 '간지나다'라는 말은 일본어의 'かんじ(感じ, kanzi)'와 우리말 접사 '나다'를 결합하여 쓰고 있는 것이기에 '멋지다', '멋있다', '느낌이 좋다'로 바꾸어 쓰는 것이 좋다[36]고 지적한다. 하지만 '간지나다'는 말은 쉽게 없어지지 않을 것 같다. '멋지다', '멋있다', '느낌이 좋다'라는 표현이 주는 어감과는 다른 것을 표현하고 싶은 언중의 욕구가 '간지'에 담겨 있기 때문이다. 일본인이 'かっこいい(kakkoii)'보다 'クール(cool)'를 선호하듯이 말이다.[37]

'간지'가 일본어 'かんじ(感じ, kanzi)'에서 온 것은 사실이지만 앞에서 자세히 살펴봤듯이 일본어와는 다른 의미를 지니고 있다. '간지'를 신조어로는 간주하여 우리말에 포함하는 것은 어떨까? 이런 수용의 자세가 배척보다 더 '간지나게' 느껴진다. 그만큼 우리말의 어휘가 늘어나기 때문이다.

---

36 https://www.korean.go.kr/(검색일: 2020.10.22.)

37 2011년생인 현재 초등학교 6학년인 큰딸에게 물어봤다. "'간지나다'라는 말을 알고 있니?" 당연히 알고 있고 자주 쓴다는 대답이 돌아왔다.

【간지】

첫째, 느낌이 좋다

둘째, 멋지다

셋째, 세련되다

고데

○

> **【こて(鏝, kote)】**　　　　　　　　　　　　『광사원』[38]
>
> 첫째, 흙손
>
> 둘째, (옷 다리는)인두. 다리미
>
> 셋째, (머리 손질의)인두. 아이론

---

[38] https://dic.daum.net/KOJIEN(검색일: 2022.11.16.)

중학교에 들어갈 때까지 이발소나 미용실에 간 기억이 없다. 그러면 이발을 어떻게 했을까? 자기 스스로 했을까? 물론 아니다. 그때는 지금처럼 자기 스스로 이발하는 기술을 유튜브에서 배울 수 있는 시대가 아니었다. 그렇다면 누가 해주었을까? 바로 어머니다. 어머니는 젊었을 때 미용 기술을 배웠기 때문에 아들의 이발 정도는 해줄 수 있다고 자신 있게 말씀하셨다. 나는 그 말을 믿고 내 머리를 어머니에게 맡겼다. 하지만 결과는 늘 같았다. 왼쪽 옆머리의 길이와 오른쪽 옆머리의 길이가 항상 달랐다. 그것을 확인하고 "왼쪽 옆머리의 길이와 오른쪽 옆머리의 길이가 달라요?"라고 말하면, 어머니는 "어머! 다르니?"하고 양쪽의 길이를 조정해주었다. 하지만 결과는 마찬가지였다. 다만 오른쪽에서 왼쪽으로 혹은 왼쪽에서 오른쪽으로 방향이 바뀌었을 뿐이다.

어머니가 미용 기술을 가지고 있었던 것은 사실인 것 같다. 어머니는 미용실에 가지 않으셨다. "미(美)는 머리에 있다"고 말씀하시면서 당신 머리도 늘 스스로 하셨다. '파마'도 '고데'도 혼자 하셨다. 특히 어머니가 '고데'를 하실 때가 흥미로웠다. 당시는 '고데'를 할 때 연탄불을 이용했기 때문이다. 초등학생이 보기에 연탄불에 달군 '고데'로 머리 손질을 하시는 어머니의 모습이 경이로웠다. 예술에 가까웠다. 젊은 시절의 어머니 모습을 회상할 때 '고데'로 머리를 예쁘게 '고데'하신 어머님이 떠오른다.

국립국어원『표준국어대사전』에서 '고데'를 찾아보면 "불에 달구어 머리 모양을 다듬는, 집게처럼 생긴 기구. 또는 그 기구로 머리를 다듬는 일"[39]이라고 나와 있다. 곧 '고데'를 하는 기구도 '고데'라고 하고, '고데'로 머리를 손질하는 행위도 '고데'라고 한다. 이런 '고데'에 대해 박숙희는 『우리말 속 일본말』에서 다음과 같이 말한다.

> 지금도 한복을 입을 때나 잔치에 갈 때는 많은 여인네들이 미장원에 가서 '**고데**'라는 것을 한다. …… '**고데**'는 좀 특별한 날에 걸맞은 우아한 머리 모양을 내는 손질을 말한다. …… 본래이 '**고데**'라는 말은 미장이가 쓰는 '흙손' 또는 다림질이나 머리를 지지는 데 쓰는 '인두'를 가리키는 명사였다. 그것이 우리나라에 들어와서는 미장원에서 고데기로 '지짐 머리'를 가리키는 특별한 말이 되었다.[40]

위 인용문에 따르면 '고데'는 원래 미장이가 쓰는 '흙손'이나 다림질 혹은 머리를 지지는 데 쓰는 '인두'라는 뜻이었는데, 이것이 어느새 미용실에서 고데기로 '지짐 머리' 곧 지지는 행위를 가리키는 뜻이 되었다는 것이다.

그렇다면 우리는 언제부터 '고데'라는 말을 사용했을까? 일제강점기에 우리는 이미 '고데'라는 말을 쓰기 시작했다. 1928년 5월 24일자 『동아일보』에는

> 비듬이만허서 곤난을 당하는분은 머리를자조감고 비듬째는향수를 머리에다발른후 극상품기름을발르면업서집니다.

---

39 https://stdict.korean.go.kr/search/searchView.do(검색일: 2020.11.19.)
40 박숙희 『우리말 속 일본말』 한울림, 1996, p.31.

'**고데**'로 모발을 지지는 것은 아조금물입니다.[41]

라는 기사가 실렸다. 비듬이 많은 사람은 '고데'를 써서는 안 된다고
조언하고 있다.

또한 1937년 10월 1일자『조선일보』에는 아래와 같은 기사가 실
려 있다.

> 하로는 마셀은 그어머니의 고수머리에 '**고데**'(**머리지지는
> 인두**)를 언제과는 아주 반대로 대여서 지저보앗습니다.[42]

1940년 1월 5일자『조선일보』에도 다음과 같은 내용의 기사가 있다.

> 金起: 한동안은 '파-마넨트'가 업서진다고들 떠들드니만 그
> 래도 요즘에는 대개 젊은부인들은 '파-넨트'를햇나보드군요.
> 한번지지는데 칠팔원씩이나 한다니 경제적으로 곤난하지 안흘
> 까요.
> 趙敬: 얼른 생각하면 한목에 칠원 혹은 팔원씩 드니까 불경
> 제갓지만 사실 알고보면 여간경제가아니래요. 또 위생적이고-.
> 李 學藝部長: 그럼 집에서 손수 지지면 어떨까요.
> 李恩: 그래서 요새는 집에 대개 '**고데**'로지지죠.[43]

---

41 『동아일보』(1928.5.24.)「가뎡 지식 몃가지(五)」
42 『조선일보』(1937.10.1.)「미용도 잘만 하고 보면 동상을 세운다는 이야기」
43 『조선일보』(1940.1.5.)「머리의 치장은 위생의 한 방식」

1928년 5월 24일자 『동아일보』, 1937년 10월 1일자 『조선일보』, 1940년 1월 5일자 『조선일보』에 보이는 '고데'는 모두 '인두'를 가리키고 있다. 일제강점기에서는 '고데'를 '인두'의 의미로 사용했다는 것을 알 수 있다.

'인두'였던 '고데'에 '지짐 머리' 혹은 '머리는 지지는 행위'라는 의미가 들어가기 시작한 것은 광복 이후인 것 같다.

1953년 1월 9일자 『조선일보』에는

비둘기 美粧院: 지난 九월二十七일에실시한미용사자격시험에 합격되어 미장원에서 일을보게되었읍니다. 동내가동떨어저그런지 공치는날도있고 있대야두서너사람있는데 요즘은 '빠마'가 '一만八천원' **고데**가五천원입니다.[44]

라는 기사가 실려 있고, 1955년 3월 9일자 『경향신문』에는

머리에 '고데'나하고 다니며 극장출입이나 하려드는 일부여학생들에 비하여 그얼마나갸륵한일이렸라......[45]

라는 내용이 나온다. 이들 인용문에 보이는 '고데'는 '지짐 머리' 혹은 '머리를 지지는 행위'를 가리킨다.

그렇다고 광복 후에 '인두'를 의미하는 '고데'가 쓰이지 않은 것은

---

44 『조선일보』(1953.1.9.) 「美粧院」
45 『경향신문』(1955.3.9.) 「돋보기」

아니다. 1966년 9월 15일자『매일경제신문』에 보이는 '고데'는 '인두'의 의미다.

　　이는종래熱로머리손질을하던 **'고데'**나 電氣빗과는달리 純
　　熱風作用에의하여 '드라이어'와같은性能을발휘할수있는電
　　氣빗이다.[46]

　　하지만 광복 후에 쓰였던 '고데'의 사용례를 검토해보면 '고데'를 '인두'가 아니라 '지짐 머리' 혹은 '머리를 지지는 행위'의 의미로 쓰는 경향이 두드러진다고 말할 수 있다.

　　그런데 '고데'는 어디에서 유래한 말일까? 이 말은 일본어 'こて(鏝, kote)'에서 왔다. 앞에서 이미 제시했지만 일본어사전에 따르면 'こて(鏝, kote)'에는 '(머리 손질의)인두, 아이론'이라는 의미가 있다.

　　우리가 쓰는 '고데'는 일본어 'こて(鏝, kote)'에서 왔다는 것은 확실하다. 하지만 일본어 'こて(鏝, kote)'에는 '(머리 손질의)인두, 아이론'이라는 의미는 있지만 '지짐 머리' 혹은 '머리를 지지는 행위'라는 의미는 없다. 우리는 일본어에서 온 'こて(鏝, kote)'를 그대로 사용한 것이 아니라 의미에 변용을 주어서 사용했다. 그리고 이 말은 우리의 일상어가 됐다고 볼 수 있다.

　　일상어가 된 '고데'의 사례는 앞에서 이미 인용한 적이 있지만 유수진의『부자언니 부자연습』에서 찾아볼 수 있다. 이 책은 20~30대

---

46 『매일경제신문』(1966.9.15.)「安全熱風빗(드라이빗)」

여성을 주요 독자로 상정한 재테크 관련 서적이다. 여기에 '고데기'라는 말이 나오는데, 이것은 '인두'라기 보다는 '지짐 머리' 혹은 '머리를 지지는 행위'라고 볼 수 있다.

> 재테크는 숨 쉬듯이 해야 한다. 아무리 일이 바빠도 아침에 일어나면 머리 감고 드라이하고 **고데기까지 하고 출근**하더만 뭐가 그렇게 시간이 없어?[47]

앞에서 이미 살펴봤지만 박숙희는 『우리말 속 일본말』에서 '고데' 대신에 '인두'라는 말을 쓰고 있지만 '인두'의 사전적 의미는 바느질 할 때 불에 달구어 천의 구김살을 눌러 없애는 도구를 가리킨다. '인두'는 헤어스타일을 조정하는 것과는 관련이 없다.

우리가 일본어 'こて(鏝, kote)'의 의미에 새로운 의미를 추가하여 '고데'를 사용하고 있다는 측면에서 '고데'는 외래어라고 볼 수 있다.

【고데】

첫째, (머리 지지는)인두

둘째, 지짐 머리 혹은 머리를 지지는 행위

47　유수진 『부자언니 부자연습』 세종서적, 2017, p.34.

구라

【くら(kura)】 　　　　　　　『광사원』[48]

① くら(座)

　첫째, 물건을 싣는 곳. 물건을 올려놓은 받침대

　둘째, 앉는 장소. 좌석

　셋째, 모판의 다른 이름

② くら(蔵, 倉, 庫)

　첫째, 곳간, 창고

　둘째, 전당포

　셋째, 흥행이 제대로 이루어지지 않은 것을 말하는 은어

③ くら(鞍)

　사람이나 짐을 싣기 위해서 소나 말 위에 놓는 도구. 좁은
　의미로는 안장을 가리킴

48　https://dic.daum.net/KOJIEN(검색일: 2022.11.15.)

【こら(kora)】 『광사원』[49]

다른 사람을 꾸짖을 때, 혹은 가볍게 부를 때 하는 쓰는 말.
이놈아. 이 자식아

【さくら(sakura)】 『광사원』[50]

첫째, 벚나무

둘째, 노점상 등에서 업자와 짜고 손님인 척하며 다른 손님이
물건을 사도록 부추기는 자. 혹은 첩자

【くらます(kuramasu)】 『광사원』[51]

첫째, 어둡게 하다

둘째, 보이지 않게 하다, 감추다, 속이다

---

49 https://dic.daum.net/KOJIEN(검색일: 2022.11.15.)

50 https://dic.daum.net/KOJIEN(검색일: 2022.11.15.)

51 https://dic.daum.net/KOJIEN(검색일: 2022.11.15.)

언젠가부터 '**구라** 치지 말라' 혹은 '**구라** 까지 말라'는 말을 들었고, 또 '**구라**나 풀자'라는 말을 듣기 시작했다. 정확한 의미는 잘 몰랐지만 문맥상 '거짓말' 혹은 '이야기'를 가리킨다는 것을 알 수 있었다.

'구라'가 '거짓말'로 쓰인다는 언급은 일찍부터 있었다. 1964년 5월 6일자 『동아일보』는 '구라 푼다'는 '거짓말한다'의 뜻이라고 지적했다.[52] 그리고 2020년 9월 13일자 『경기일보』는 「생활 속, 일제 잔재를 청산하자」라는 연재를 진행했었는데 여기에서 '구라'에 대한 흥미로운 언급을 한다. 기사에 따르면 광복 70주년이었던 2015년에 서경덕 교수팀이 나라를 되찾은 지 70년이 된 지금 상황에도 우리 사회에 만연한 일본어 잔재를 조사 및 분석하고 이를 토대로 점차 우리말로 바꾸는 작업을 모색하기 위해 설문 조사를 기획했다고 한다. 그 결과 수도권 대학생이 제일 많이 사용하는 일본어는 '구라'였다고 한다. '구라(くら, kura)'라는 말의 뜻은 '거짓말을 비속하게 이르는 말'이라고 하고, 이 말은 일본어의 잔재라고 보는 것이 일반적이라고 지적한다.[53]

국립국어원 『표준국어대사전』에 따르면 '구라'에는 다음과 같은 다양한 의미와 용례가 있다.[54]

첫째, '거짓말'을 속되게 이르는 말

---

52 『동아일보』(1964.5.6.) 「어린이들의 은어 속어」
53 『경기일보』(2020.9.13.) 「생활 속, 일제 잔재를 청산하자」
54 https://stdict.korean.go.kr/search/searchView.do(검색일: 2020.9.25.)

"내 비록 건달 밥 먹으면서 잔뼈가 굵었지만 지금까지 **구라**
는 안 치고 살았어요."　　　　(출처: 황석영『어둠의 자식들』)

둘째, '이야기'를 속되게 이르는 말
"어차피 잠자기는 글러 먹은 거니까 **구라**나 풀자고."
　　　　　　　　　　　　(출처: 이원규『훈장과 굴레』)

셋째, 거짓이나 가짜를 속되게 이르는 말
구라 약병은 작은 링거병에다 소독 냄새가 나도록 약물을 섞
은 맹물을 넣은 것이지.　　　(출처: 황석영『어둠의 자식들』)

앞에서 인용한『경기일보』는 '구라'의 어원이 일본어 'くら(kura)'
에서 왔다고 하고, 한편 1985년 10월 9일자『동아일보』는 '구라'는
일본어 'こら(kora)'에서 유래했다고 하면서 다음과 같이 말한다.

일본말에서 남을 얕잡아 소리지를 때 하는 말인 '고라'가 변
해서 된 '**구라**'에 접두어가 붙어 '날구라' '쌩구라' '살살이구
라' '곱배기구라'까지 나왔다.[55]

또한 이경미는 2005년 5월 12일자『여성신문』에서 '구라'는 일본
어 'さくら(sakura)'에서 왔다고 주장한다.

---

55 『동아일보』(1985.10.9.)「거친 우리말을 가꾸자」

'구라'는 '엉터리'라는 뜻을 지닌 일본어 '사쿠라(さくら)'에서 기인한 일본식 용어다. 이 말이 우리말로 옮겨오는 과정에서 '은어화'가 이뤄진 것이다. …… 결국, '구라'는 '사쿠라'가 변용된 말이다. 이제 이 말은 우리 사회에서 흔히 쓰이게 됐다. 언제부터인가 '사이비 기자'라는 말 대신에 '구라 기자'라는 말을 쓰기도 하고, 가짜 액세서리도 '구라'라 부르게 된 것.[56]

그리고 국립국어원은 2008년 4월에 아래와 같이 '구라'가 'くらます (kuramasu)'에서 온 것 같다고 말하지만 단정하기는 어렵다고 한다.

'거짓말'을 속되게 이르는 말인 '구라'의 어원을 '감추다, 속이다'의 뜻을 나타내는 일본어 '구라마스(くらます)'로 보는 견해가 일반적이기는 합니다. 다만 이러한 견해는 정확한 근거 자료에서 나온 것이 아니어서 그 진위를 밝히기는 어려울 듯합니다.[57]

지금까지 자세히 살펴봤듯이 '구라'의 어원은 일본어에서 유래했다는 견해가 지배적이다. 반면에 '구라'가 고유한 우리말이라는 주장도 있다. 2009년 8월 27일자 『한겨레신문』에 우재욱 시인이

우리말인데도 가끔 일본말인 것으로 오해되는 낱말들이 있

---

56 『여성신문』(2005.5.12.) 「'사쿠라'와 '구라'」
57 https://www.korean.go.kr/(검색일: 2020.9.25.)

다. '에누리·야마리·야코·**구라**' 등이 그런 말이다. 글자에 받침이 없고 자음, 모음으로 이어지는 음운 구성이 흡사 일본말 같아서 그런 오해가 생기는 듯하다.[58]

라고 말했다. 다만 우재욱은 위의 인용문에서 '에누리·야마리·야코·구라' 가운데 '에누리'에 대해서만 그 근거를 언급했지만 '야마리·야코·구라'에 대해서는 근거를 전혀 언급하지 않았다.

또한 번역가인 신경식도 2018년 6월 5일자 『조선일보』에서

'에누리'나 '야코'처럼 한국어인데 언뜻 일본어처럼 들려 오해받는 낱말도 있다. 이야기나 거짓말을 뜻하는 '구라'도 일본어라 오해받는 한국어

라고 주장하고 있다. 하지만 그도 우재욱처럼 믿을 만한 근거를 제시하지 못했다.[59] 명확한 근거가 제시되어 있지 않았기에 '구라'를 순수 우리말로 보는 견해는 그대로 받아들이기 어렵다고 생각한다.

그렇다면 '구라'의 어원은 일본어일까? 앞에서 이미 'くら(kura)', 'こら(kora)', 'さくら(sakura)', 'くらます(kuramasu)'의 의미와 용례를 각각 살펴봤듯이 우리는 '구라'를 '거짓말'이나 '이야기' 그리고 '거짓'(혹은 '가짜')이라는 의미로 쓰고 있다.

'さくら(sakura)'의 주요 의미에는 '노점상 등에서 업자와 짜고 손

---

58 『한겨레신문』(2009.8.27.) 「말글살이 에누리」
59 『조선일보』(2018.6.5.) 「'구라'의 어원」

님인 척하며 다른 손님이 물건을 사도록 부추기는 자'라는 것이 있고, 'くらます(kuramasu)'에는 '감추다, 속이다'가 있다. 따라서 우리가 쓰는 '구라'의 의미 가운데 '거짓말'과 '거짓'(혹은 '가짜')은 'さくら(sakura)'와 'くらます(kuramasu)'의 의미와 겹치는 부분이 있다. 하지만 여기에는 '이야기'라는 뜻은 없다. 또한 '사쿠라'나 '구라마스'를 굳이 줄여서 '구라'라고 말하는 합리적인 이유도 발견되지 않는다.

결국 '구라'의 어원을 규명하는 것은 쉽지 않아 보인다. 일본어에서 기원한 것인지, 순수 우리말인지 단정하기 어렵다. 다만 확실한 것은 '구라'의 어원과는 별개로 우리가 그 표현을 '거짓말', '이야기', '거짓'(혹은 '가짜') 등의 의미로 쓰고 있다는 사실이다. 그것도 적지 않은 화자(話者)가 반세기 이상 사용하고 있다. 이것은 이 땅의 언중에게 '구라'라는 말이 필요했다는 것을 말하는 것은 아닐까. 그렇지 않았다면 '구라'는 벌써 사어가 되었을 것이다. 따라서 여기서 우리가 진정으로 물어야 할 질문은 '구라'라는 말의 생명력이라고 생각한다.

【구라】
첫째, 거짓말
둘째, 이야기
셋째, 거짓이나 가짜

제5절

나가리

○

> **【ながれ(流れ, nagare)】**
> 첫째, 흐르는 것. 또는 흘러가는 것
>
> 둘째, 손윗사람이 사용하다 만 것을 받는 것. 또는 그 물건
>
> 셋째, 혈통. 계통
>
> 넷째, 기예·사상 등을 전수 받는 것. 유파
>
> 다섯째, 방랑. 특히 유녀(遊女)의 처지
>
> 여섯째, 모임이 끝난 후 그 기세로 계속되는 움직임
>
> 일곱째, 경사
>
> 여덟째, 유산(流産)
>
> 아홉째, 모임이나 계획 등을 취소하는 것

『광사원』[60]

---

60 https://dic.daum.net/KOJIEN&supid=jku005181060#jku005181060(검색일: 2022.10.20.)

"이거 나가리야!"

"뭐가 나가리야?"

어렸을 때 명절에 친인척이 모이면 집에서 화투판이 벌어졌다. 화투가 오가는 곳에는 고성도 오갔다. 그리고 모처럼 모인 아이들은 그 광경을 신기한 듯 쳐다보고 있었다. 내 기억으로 '나가리'라는 말을 처음 들은 것은 화투판이었다. '나가리'의 의미를 제대로 파악하지 못했지만 지금 한 것을 무효로 하고 판을 새롭게 한다는 것 같았다.

홍근은 『재미로 읽어 보는 우리말 속의 일본어』에서 우리가 '나가리'라는 말을 가장 많이 쓰는 곳은 화투의 '고스톱'판이라고 말하면서 한 판의 게임을 진행했는데 최소 3점을 낸 사람이 없을 때 "나가리!"라고 말한다고 한다.[61] 이때 '나가리'는 판이 깨졌다는 곧 무효가 됐다는 뜻이다.

위와 같은 의미로 '나가리'가 쓰이는 곳은 화투판만이 아니다. 일상생활에서도 적지 않게 목격할 수 있다. 이에 대해 박숙희는 『우리말 속 일본말』에서 아래와 같이 잘 정리하고 있다.

남녀노소를 불문하고 가장 많이 쓰는 말 중의 하나가 바로 이 '나가리'라는 말일 것이다. 어떤 일이 무효가 되거나, 계획이 허사가 되거나 중단되는 것을 가리키는 말로써 본래 발음은 '나가레'인데 우리나라에선 '나가리'로 쓰이고 있다. …… 또는 서로의 약속을 깨고 없었던 일로 할 때 등 일상생활 속으로 파고

---

61 홍근 『재미로 읽어 보는 우리말 속의 일본어』 북랩, 2019, p.64.

들어 여러 경우에 쓰게 되었다.[62]

또한 '나가리'는 '무효'라는 의미와 동시에 '계통'이라는 의미로도 쓰인다고 한다. 김한배는 『우리말을 좀먹는 우리말 속의 일본말』에서

'무효가 됨' 또는 '계통'이라는 뜻으로 '나가리'라고 말한다. 화투 놀이 등에서 승부 없이 끝날 때에 '나가리 되었다'라고 말하며, '그 사람은 깡패 출신이다'라고 하는 말을 '그 사람은 깡패 나가리다'라고 말한다.[63]

라고 적고 있다. 그런데 '계통'을 뜻하는 '나가리'는 '무효'를 뜻하는 '나가리'만큼 폭넓게 쓰이고 있는 것 같지는 않다.

'나가리'라는 말이 우리의 언어생활에 널리 퍼져 있다는 것은 1995년 8월 16일자 『한겨레신문』의 '국민 기자석'에 실린 독자 투고를 통해서도 알 수 있다. 투고자는

지난 12일 한국방송공사 제1 텔레비전 9시 뉴스에 '4천억설 수사' 담당 검사가 수사 결과 발표 뒤 "한마디로 일본말로 '나가리'죠"라고 '조롱'하는 듯한 말투로 수사를 정리하고, 그 옆에 있는 기자들이 웃으면서 뉴스를 마감하는 장면이 방영

---

62 박숙희『우리말 속 일본말』한울림, 1996, p.44.
63 김한배『우리말을 좀먹는 우리말 속의 일본말』동언미디어, 2006, p.66.

됐다.[64]

라고 비판한다.

　그렇다면 이 '나가리'라는 말은 언제부터 쓰였을까? 정확한 것은 알 수 없지만 앞에서 인용했던 1995년 신문 기사에서 알 수 있듯이 당시 이 말은 사회에서 널리 통용됐다는 것을 알 수 있다.

　그런데 흥미로운 것은 '나가리'라는 말과 '나가레'라는 말이 같이 쓰였다는 사실이다. 1984년 10월 27일자 『동아일보』에는 「日本바람이 부는가(8)」라는 연재가 있었는데 여기에는 금융가에서 나가레(취소) 등과 같은 말을 흔히 쓴다는 비판이 담겨 있다.

　　금융가에서 귀에 익은 가라(허위) 게다지가이(단위착각) 구로지(흑자) 기리까에(교체) **나가레(취소)** 모찌다시(교환회부) 방(도장) 우리방(교환인) 쫌방(검인) 시마이(마감) 와꾸(한도) 등.[65]

　우리가 쓰고 있는 '나가리' 혹은 '나가레'라는 말은 일본어 'ながれ(流れ, nagare)'에서 유래했다고 볼 수 있다. 서두에서 인용했던 일본어사전을 보면 'ながれ(流れ, nagare)'에는 취소라는 뜻이 있기 때문이다. 단, 일본어에서는 'ながれ(流れ, nagare)'로 쓰는 것이 아니라 여기에 존경 혹은 미칭의 접두사 'お(o)'를 붙여 'おながれ(お流れ, onagare)'라고 쓰는 것이 일반적이다. 이를테면 다음과 같다.

64　『한겨레신문』(1995.8.16.)「'4천억' 담당 검사가 '나가리' 망발」

65　『동아일보』(1984.10.27.)「日本바람이 부는가(8)」

예문은 『뉴에이스사전』에 의한다.[66]

　　雨(あめ)で花見(はなみ)は**お流(なが)れ**になった[67]: 비로 꽃
놀이는 **중단**되었다
　　きょうの会(かい)も**お流(なが)れ**だ: 오늘 모임도 **유회**(流會)[68]
다.

　위의 사용례에서 알 수 있듯이 일본어 'ながれ(流れ, nagare)'는
'おながれ(お流れ, onagare)'라는 형태로 쓰였다. 또한 예정되었던
것의 중지나 어떤 일이 실현되지 못하고 도중에 종료된 것을 의미했
다. 다만 이와 같은 의미로 쓰이는 'ながれ(流れ, nagare)'는 그 쓰임
이 상당히 제한적이다. 반면에 우리는 '나가리' 혹은 '나가레'라고
표기한다는 점에서 일본어 'おながれ(お流れ, onagare)'와는 그 표
기가 다르다. 또한 우리는 '나가리' 혹은 '나가레'를 일본어 'おなが
れ(お流れ, onagare)'의 의미 곧 예정되었던 것의 중지나 어떤 일이
실현되지 못하고 도중에 종료된 것을 나타낼 때 사용하고는 있지만
사용례가 일본어에 비해 상당히 광범위하다.

　나는 종종 '나가리'라는 말을 듣는다. 대학에서 교수임용 과정은
서류심사와 학과심사 그리고 본부심사 등으로 구분된다. 그리고 각
각의 심사는 심사자 간의 논의를 통해 교수임용 대상자를 대개 만장

66　https://dic.daum.net/KUMSUNG_JK(검색일: 2023.3.27.)

67　일본어 문장의 로마자 표기는 생략. 이하 같음.

68　정족수 등이 부족하여 회의가 성립하지 못했다는 것을 뜻한다.

일치로 정한다. 그러다 보니 교수임용이 원활히 되지 않은 경우가 흔히 발생한다. 심사자끼리 의견 일치를 보지 못했기 때문이다. 의견 불일치는 대단히 많은 변수로 일어나기에 그 상황을 한마디로 말하기는 어렵다. 그때 마법과도 같은 말이 있으니 바로 '나가리'가 그것이다. "이번에도 '나가리'가 됐대"라는 말에는 교수임용에서 심사자 간에 의견 일치가 얼마나 어려운 것인가를 웅변적으로 말해준다.

결국 우리가 쓰는 '나가리' 혹은 '나가레'는 일본어 'ながれ(流れ, nagare)'에서 왔지만 '나가레'에서 '나가리'로 음운 변화를 거치기도 했고, 또한 '오나가레(onagare)'라는 형태도 사용하지 않았다. 한편 의미 측면에서 우리는 '나가리'를 일본어 'ながれ(流れ, nagare)'보다 상당히 폭넓게 사용하고 있다. 특히 화투나 대학교수 임용 등에서도 쓰이는 등 일본어 'ながれ(流れ, nagare)'에서는 보이지 않는 수많은 사용례가 있다. 이 정도라면 '나가리'를 외래어로 받아들여 우리말로 수용하는 것이 어떨까?

【나가리】

첫째, 무효

둘째, 계획 중단

셋째, 약속 파기

넷째, 계통

나라시

○

> **【ならし(慣らし, narasi)】** 『광사원』[69]
>
> 첫째, 길들이는 것. 익숙해지도록 하는 것. 연습
>
> 둘째, 관습. 습관
>
> **【ながし(流し, nagasi)】** 『광사원』[70]
>
> 첫째, 흐르게 하는 것
>
> 둘째, 손님을 찾으러 시내를 돌아다니는 것. 또는 그 사람

---

69 https://dic.daum.net/KOJIEN(검색일: 2022.10.19.)

70 https://dic.daum.net/KOJIEN(검색일: 2022.10.19.)

어렸을 적에 신문과 TV 뉴스에서 '나라시(혹은 나가시)'를 단속한다는 이야기를 종종 접했다. 내용을 들어보니 개인이 승용차로 택시 영업을 하는 것을 '나라시' 혹은 '나라시 택시'라고 불렀다. 영업신고를 한 택시와 다르니 불법 택시라고 말할 수 있다. 그리고 이 '나라시'는 현재도 그 생명력을 유지하고 있다. 예를 들면 2018년 7월 31일자 『동아닷컴』(donga.com)은 '나라시'의 불법성과 범죄 노출성에 관해 지적하는 기사를 실었다.[71]

그럼 '나라시'는 언제 등장했을까? 『월간조선』(2020년 7월)에 따르면 대략 1960~70년대에 '나라시'가 등장했다고 한다.[72] 그리고 언론은 '나라시'의 불법과 그 문제점에 관해 기사를 작성했다. 예컨대 1992년 10월 29일자 『매일경제신문』은 보험처리가 되지 않는 자동차 사고에 관한 내용을 썼는데, 거기에 다음과 같이 '나라시'가 나온다.

> 각종 불법영업차량 역시 대부분 보험에 들지 않고 있어 피해 보상이 될 수 없는 것들이다. 유흥업소 주변에 만취한 사람이나 교통편이 용이치 않은 사람들을 대상으로 하는 **자가용영업**(속칭 **나라시**)이나 휴가철 불법 자가용운행 등이 모두 이에 속한다.[73]

'나라시' 택시가 생긴 데에는 여러 가지 이유가 있을 수 있다. 택시

---

71 『동아닷컴』(2018.7.31.) 「'불금' 자정이면 나타난다, 그 차량」
72 『월간조선』(2020.7.31.) 「슈퍼차이나 연구소의 新중국 탐방기」
73 『매일경제신문』(1992.10.29.) 「보험처리 안 되는 자동차 사고 알아두자」

의 승차거부나 난폭운전 혹은 바가지요금에서 그 원인을 찾을 수도 있고, 혹은 당시의 사회·경제적 상황에서 그 원인을 찾을 수도 있다. 또는 심야에 택시 잡기가 어려웠기에 생겼을 수도 있다. 여하튼 불법이라는 측면에서는 '나라시'를 좋게 말하기 어려울 것 같다. 하지만 공유경제를 표방하면서 등장한 '앱 달린 나라시 택시'[74]였던 '타다'의 가능성을 생각할 때, '나라시'는 우리에게 많은 것을 생각하게 한다.

'나라시'는 크게 세 가지로 정의할 수 있을 것 같다. 하나는 개인이 승용차나 렌터카로 불법으로 택시 영업을 하는 것이다. 이것이 '나라시'의 가장 일반적인 정의라고 생각한다. 다른 하나는 합법적으로 영업 허가를 받은 택시가 일정한 거리의 두 장소를 주로 운행하는 것이다.[75] 대중교통이 발달하지 않은 중소 도시나 지방의 관광지 등에서 목격할 수 있다. 또 다른 하나는 택시가 손님을 찾아다니는 것을 말하는데 그 사용례를 1961년 12월 6일자 『동아일보』에서 찾아볼 수 있다.

> 다음으로 한가지 얘기할 것은 '택시'도 '풀'制를 實施하는 것이 어떨까 한다. **지금 우리나라 '택시'들은 所謂 '나라시'라 해서 손님을 찾아 서울 長安을 헤매고 있다.** 손님을 찾는 것도 좋지마는 그동안에 揮發油는 엄청나게 마련이다. 國家的 損

---

74 『ECONOMY Chosun』(2020.7.20.) 「10년간 비즈니스 세계 달궜던 공유경제가 직면한 도전」
75 홍근 『재미로 읽어 보는 우리말 속의 일본어』 북랩, 2019, p.67.

失도 이만저만이 아닐 것이다.[76]

그런데 '나라시'라는 말은 어디에서 왔을까? 홍근은 『재미로 읽어보는 우리말 속의 일본어』에서

　　택시가 일정한 중·장거리의 두 장소를 특정하여 주로 운행하는 경우 이렇게 "**나라시 뛴다**"라고 하는데, 같은 코스를 자주 뛰다 보니 익숙해졌다는 의미로 '나라시'라는 단어를 사용하게 된 듯하다.[77]

고 말한다. 다시 말하면 '익숙함'의 의미인 일본어 'ならし(慣らし, narasi)'에서 '나라시'가 왔다는 것이다.

한편 다른 주장도 있다. 2018년 7월 31일자 『동아닷컴(donga. com)』은 "나라시는 '택시 등이 손님을 찾아 돌아다닌다'라는 뜻인 일본말 '나가시'에서 유래"했다고 말한다.[78]

이와 같은 '나라시'의 유래에 관한 두 가지 가설 가운데 어느 것이 맞는 것일까?[79] 앞에서 이미 인용했지만 일본어사전에 의하면 'なら

76　『동아일보』(1961.12.6.)「횡설수설」

77　홍근 앞의 책, p.67.

78　『동아닷컴』(2018.7.31.)「'불금' 자정이면 나타난다, 그 차량」

79　참고로 '새나라택시'설도 소개한다. 이 설은 '나라시'라는 말이 새나라택시에서 왔다는 것이다. 우리나라 최초의 택시인 시발택시보다 일본의 닛산 블루버드의 부품을 들여다가 만든 새나라자동차가 부유층들에게는 인기가 있었다고 한다. 그래서 이런 풍토에 편승해서 새나라자동차로 불법 택시 영업을 하던 이들이 있었고, 이런 불법 택시를 줄여서 '나라시(새나라자동차의 '나라'+택시의 '시')'로 불렸다는 설이다.

し(慣らし, narasi)'에는 첫째, 길들이는 것. 익숙해지도록 하는 것, 둘째, 관습 또는 습관이라는 의미가 있다. 이 일본어에는 개인이 승용차나 렌터카로 불법 택시 영업을 하는 것을 나타내는 의미가 들어 있지 않다. 다만, '익숙해지도록 하는 것'의 용례로 '馴(ならし, narasi) 運転(うんてん, unten)'이라는 것이 있다. 그런데 이 말은 새 차를 길들이기 위한 운전(예컨대 고속도로 운행 등)을 가리킬 때 사용한다.

다음으로 'ながし(流し, nagasi)'설을 검토해보자. 앞에서 검토한 일본어사전에 의하면 이 말에는 "손님 등을 찾으러 시내를 돌아다니는 것. 또는 그 사람"이라는 의미가 있다. 그런데 이 말은 '流しのタクシー(nagasi no takusi)' 곧 '손님을 찾아 돌아다니는 택시'라고 쓰인다. 언뜻 보면 우리가 쓰는 '나라시'와 비슷하다. 하지만 이것은 택시가 손님을 찾아다닌다는 의미이지 일반인이 승용차나 렌터카를 이용하여 불법으로 영업한다는 뜻이 아니다.

그런데 '나라시'의 첫 번째 의미 곧 개인이 승용차나 렌터카로 불법 택시 영업을 하는 뜻으로 '나가시'라는 표현도 썼다. 예컨대 1978년 5월 30일자 『조선일보』에는 「'자동차시대'는 오는가」라는 기사가 실렸는데, 거기에 불법 자가용 영업의 의미로 '나가시'가 쓰이고 있다.

> 어디 그뿐인가. 그가 市內를 한 번 더 다녀을일이 있달지, 모처럼 친구와 만나 술을 마셨을 때는 택시요금을 2~3배씩 주어야 된다. 더 다급한때는 집까지 3천원을 주고 자가용영업형의

https://www.newiki.net/wiki(검색일: 2020.11.11.)

속칭 '**나가시**'차를 찾아야 된다.[80]

요컨대 우리가 쓰고 있는 '나라시(혹은 나가시)'의 의미를 일본어의 'ながし(流し, nagasi)'와 비교하면 다음과 같다.

첫째, 개인이 승용차나 렌터카를 이용하여 불법으로 택시 영업을 하는 것. '나가시'라고도 부름

둘째, 합법적으로 영업 허가를 받은 택시가 일정한 거리의 두 장소를 주로 운행하는 것

셋째, 택시가 손님을 찾아다니는 것. 우리나라 택시의 일반적인 영업 형태라고 볼 수 있다. 일본어의 '流しのタクシー(nagasi no takusi)'와 동일하다. 일본에서 택시는 원래 차고에서 손님을 기다렸는데 1921년경부터 손님을 찾아서 시내를 돌아다니면서 영업을 하기 시작했다. 그래서 이런 영업을 하는 택시를 '흐를 유(流)'를 써서 '流しのタクシー(nagasi no takusi)'라고 불렀다

결국 우리가 쓰는 '나라시'라는 말은 일본어 '流しのタクシー(nagasi no takusi)' 곧 'ながし(流し, nagasi)'에서 왔다고 생각된다. 하지만 일본어 본래의 의미에 머무르지 않고 의미가 확대되는 변용을 거쳤다. 의미 변용이 생긴 데에는 택시의 승차 거부, 심야 택시 잡기의 어려움 등과 같은 우리나라의 사회 상황이 작용했다고 생각된다. 또한

---

80 『조선일보』(1978.5.30.) 「'자동차시대'는 오는가」

발음도 '나가시(nagasi)'에서 '나라시(narasi)'로 변하기도 했다.

'나라시'는 더 이상 일본어가 아니다. 우리말로 귀화했다고 볼 수 있다. 왜냐하면 일본어 'ながし(流し, nagasi)'에는 개인이 승용차나 렌터카로 하는 불법 택시 영업이라는 뜻이 없기 때문이다. 더 중요한 것은 '개인이 승용차나 렌터카로 하는 불법 택시 영업'이라는 의미로 쓰는 일본어가 따로 있다. '시로타쿠(白タク, sirotaku)' 곧 '시로이 타쿠시(白いタクシー, siroi takusi)'가 그것이다. 이런 차를 '시로타쿠(白タク, sirotaku)'라고 부르는 것은 자가용차의 번호판이 영업용차와 달리 흰색(白い, siroi)인데 택시(タクシー, takusi) 같이 택시 영업을 하기 때문이다.

【나라시】

첫째, 개인이 승용차나 렌터카를 이용하여 불법으로 택시 영업을 하는 것

둘째, 합법적으로 영업 허가를 받은 택시가 일정한 거리의 두 장소를 주로 운행하는 것

셋째, (주로 우리나라의 택시 영업 방식으로)택시가 손님을 찾아다니는 것

노가다

【どかた(土方, dokata)】　　　　　　　　　『광사원』[81]

토목공사에 종사하는 노동자

81　新村出編『広辞苑 第5版』岩波書店, 1998, p.1901.

입주한 지 20년이 넘는 아파트로 이사 왔다. 생활하는 데 큰 불편이 없을 것이라고 느꼈기에 간단한 인테리어 공사만 하고 살 생각이었다. 하지만 아내 생각은 달랐다. 앞으로 오래 살 집이니 전체 인테리어 공사를 하자고 했다. 이왕 공사를 할 바에는 제대로 수리하자고 했다. 창호 교체, 발코니 확장 등을 포함해서 말이다. 아내의 성화에 결국 몇몇 업체에 인테리어 공사 견적을 의뢰했다. 생각보다 비용이 많이 나왔지만 이런 일로 부부싸움을 하기 싫어서 아내가 하자는 대로 했다. 가화만사성이라는 말도 있지 않은가.

견적을 부탁한 업체 가운데 아버지와 딸이 함께 운영하는 곳이 있었다. 아내가 동네 근처에서 찾아낸 곳이었다. 아내와 나는 견적서를 받기 위해 업체를 방문했다. 아버지는 인테리어 공사를 수십 년간 해온 베테랑이었고, 딸은 대학에서 실내장식을 전공한 후 아버지 일을 돕고 있었다. 아버지와 딸이 같이 일하는 모습이 너무 보기 좋았다. 딸을 키우고 있는 나에게는 딸과 함께 같은 일을 하고 싶다는 로망이 있기 때문이다. 그래서 약간 미소를 띠면서

"따님과 함께 일하시니 얼마나 좋으세요."

라고 말했다. 그런데 돌아온 답변이 뜻밖이었다.

"좋기는요. **노가다**인데"

김미례 감독의 다큐멘터리 영화에 <노가다>(2005)라는 제목이 붙어 있을 정도로 '노가다'라는 용어는 우리의 생활 속에 깊게 뿌리내리고 있다. 이것은 '차갑다'의 의미를 가진, 지금은 거의 사어가 된 '시야시'[82]와는 다른 현상이다. 그만큼 '노가다'라는 말의 생명력

---

82 일본어 '히야시(冷やし, hiyasi)'를 가리킨다.

이 강하다는 것을 알 수 있다.

우리는 공사장이나 노동판 등에 종사하는 근로자 곧 특별한 기술이나 자격이 필요하지 않은 곳에서 일하는 사람이나 일용직 노동자를 '노가다(nogada)'라고 부른다. 혹은 막일 곧 허드렛일을 '노가다(nogada)'라고도 말한다. 예컨대 '노가다 뛴다', '이것저것 안 되면 노가다라도 나가야지' 또는 '완전 노가다 일이다'와 같이 쓴다.[83] 그리고 '노가다'와 관련된 어휘로는 '노가다판'과 '노가다패'가 있다. '노가다판'은 토목이나 건축 등이 이루어지는 현장을, '노가다패'는 특정한 기술 없이 막노동하는 무리를 뜻한다.

잘 알려져 있듯이 '노가다'라는 말은 일본어 'どかた(dokata)'에서 온 말이다. 다시 말하면 '노가다'의 '노(no)'는 'どかた(dokata)'의 'ど(do)'에서 온 것으로 음운이 바뀐 것이다. 일본어 'どかた(dokata)'의 'ど(do)'는 유성음으로 비음이다. 이것은 한국인에게는 발음하기 쉽지 않은 일본어 가운데 대표적이다. 특히 이 발음이 어두(語頭)에 왔을 때는 더욱 발음하기 힘들다. 그래서 'ど(do)'가 '노(no)'로 바뀌었다고 생각된다. 'かた(kata)'가 '가다(gada)'로 바뀐 것도 한국인에게 'かた(kata)'보다 '가다'가 발음하기 쉬웠기 때문일 것이다.

그런데 일본어사전에서 이미 인용했듯이 일본어 'どかた(dokata)'의 한자 표기는 토방(土方)이다. 박숙희는 『우리말 속 일본말』에서

한자로는 토방(土方)이라고 쓰는데, 잡역부들이 공사장 주변의 작은 토방에서 숙식을 해결하며 일했기 때문에 붙여진

83　홍근『재미로 읽어 보는 우리말 속의 일본어』북랩, 2019, p.73.

이름이라 한다. '노가다'는 '토방에서 사는 사람들'이란 뜻이었다.[84]

고 말한다.

박숙희는 'どかた(dokata)'에 관한 어원을 설명하고 있지만 어원을 찾는 작업은 쉬운 일이 아니다. 어원보다 더 흥미로운 사실은 토방 곧 'どかた(dokata)'라는 일본어가 차별어로 쓰이고 있다는 사실이다. 『일본어속어사전(日本語俗語辞書)』에는 'どかた(dokata)'에 대한 설명이 있다.

노가다는 도로 공사와 치수 공사 등 건축에서 토목 작업을 하는 사람을 의미하는 말이다. 다만 노가다라는 말은 **차별 의식**과 함께 사용되는 경우가 많다.[85]

위 인용문에서 알 수 있는 것은 'どかた(dokata)'라는 일본어가 일본에서 차별어로 사용되고 있다는 사실이다.

그런데 우리는 '노가다'라는 용어를 언제부터 사용했을까? '노가다'의 용례는 적어도 일제강점기였던 1920년대부터 확인할 수 있다. 1924년 8월 20일자 『동아일보』에는 다음과 같은 기사가 실려 있는데, 여기에는 '노가다'의 품행이 나쁘다는 불평이 적혀 있다.

---

84 박숙희 『우리말 속 일본말』 한울림, 1996, p.48.

85 http://zokugo-dict.com/20to/dokata.htm(검색일: 2022.9.4.)

행위납분 **'노가다'**들이라 그것들은 공사때에나 세도를쓰는 터인데 자주그런일이 잇기에일전에도 엄중이 훈계하엿습니다. 그자들은 공사나할따름이지 통행하는 사람을 못가게하든지 길을막든지하는 권력은엄습니다. 통행을금지하는것은 경찰의 할바이요 공사마튼자들의 상관할바가못되오(종로서보안과원담)[86]

이처럼 우리는 '노가다'라는 말을 적어도 한 세기 정도 전부터 사용했다고 볼 수 있다. 그 의미는 이재운이 『우리말 1000가지』에서 지적하고 있듯이 "공사장이나 노동판, 또는 그에 종사하는 사람을 가리키는 말"[87]로 쓰고 있다. 게다가 일본어 'どかた(dokata)'와 같이 차별어의 느낌을 가지고 '노가다'라는 말을 사용하고 있다.

그런데 우리가 쓰는 '노가다'에는 일본어 'どかた(dokata)'와는 다른 쓰임이 있다. 앞에서 '완전 노가다 일이다'와 같은 사례에서 이미 언급했지만 우리는 막일 곧 허드렛일도 '노가다(nogada)'라고 말한다. 곧 단순노동도 '노가다'라고 말한다. 또한 국립국어원 『표준국어대사전』에 따르면 '노가다'에는 막일, 막일꾼이라는 의미와 더불어 '행동과 성질이 거칠고 불량한 사람을 속되게 이르는 말'이라는 의미도 들어 있다고 한다.[88] 이것은 일본어 'どかた(dokata)'에는 없는 어감이다.

내가 인테리어 대표에게 "따님과 함께 일하시니 얼마나 좋으세

---

86 『동아일보』(1924.8.20.) 「불평」
87 이재운 『우리말 1000가지』 예담, 2008, p.147.
88 https://stdict.korean.go.kr/search/searchView.do#wordsLink(검색일: 2020.9.21.)

요"라고 말했을 때, "좋기는요. 노가다인데"라는 인테리어업자의 말이 지금도 기억에 생생하다. 나는 그의 직업이 전문직이라고 생각했고, 따라서 거기에 부합하는 깔끔하고 꼼꼼한 일 처리를 원했다. 그런데 그는 자기 일을 '노가다'라고 말했다. 자신이 하는 일을 겸손하게 말하기 위해 '노가다'라는 표현을 썼을까? 아마 그렇지 않을 것이다.

박숙희가 『우리말 속 일본말』에 지적했던 부분을 인용하고 싶다. 그는

> '노동자' 대신 '노가다'를 많이 쓰는 이유는 공사판에서 육체노동에 종사하는 사람들 스스로 자신이 하는 일을 비하시키는 자조적인 말로 쓰기 때문이다. …… 노가다라는 말은 '지금은 때가 안 좋아 잠시 하고는 있지만 금방 그만둘 일, 임시로 하고 있는 일, 아르바이트 정도로 하는 일'이라는 의미를 은연히 비추며 쓰는 말이다.[89]

라고 강조한다. 타당한 지적이다. 이런 생각을 가지고 일하면 자기 일에 혼을 담을 수 없고, 자기 일에 자존감과 보람도 가질 수 없다고 생각한다. 그리고 자신의 일에 프라이드를 갖지 않는 사람을 존중하거나 존경하는 타인은 없을 것이다.

'노가다'는 일본에서 유래한 일본어이지만 한국에서는 그 어감이나 느낌이 더욱 부정적으로 사용되고 있다는 것을 알 수 있다. 또한

---

89 박숙희 앞의 책, p.48.

의미 측면에서 변용도 일어났다. 그리고 이 '노가다'라는 말은 이미 우리의 일상어가 됐다. 그렇다면 '노가다'를 우리말로 받아들여야 하지 않을까.

【노가다】
첫째, 공사장이나 노동판 등에 종사하는 일용직 근로자
둘째, 막일 곧 허드렛일
셋째, 행동과 성질이 거칠고 불량한 사람을 속되게 이르는 말

단도리

【だんどり(段取り, dandori)】 『광사원』[90]

첫째, 연극 등에서 줄거리의 진행이나 구성

둘째, 일의 순서나 방법을 정하는 것

셋째, 각오. 궁리하는 것

---

90 https://dic.daum.net/KOJIEN(검색일: 2022.11.14.)

어렸을 때의 일이다. 집을 비울 때마다 아버지는 "단도리 잘해야 한다"고 말씀하셨다. 정확한 의미는 알지 못했지만 집에 사람이 없으니 문단속을 잘해야 한다는 뜻이라는 것을 알 수 있었다.

박숙희는 『우리말 속 일본말』에서 '단도리'를 준비나 채비 혹은 단속으로 순화해야 한다고 말하면서 '단도리'에 대해 다음과 같이 설명한다.

> 본래 이 말은 일을 진행시키는 순서나 방법을 가리키는 말이다. '(무슨)절차' '(무엇의) 진행 방법' 따위에 쓰는 말이었는데, 우리나라에서는 그 뜻이 약간 변형되어 장 보러 갈 때 '단도리 하고 나오너라' 하는 식으로 쓰이고 있다. 어떤 일을 준비하거나 채비한다는 뜻으로 쓰이거나, 제대로 잘 단속하거나 마무리 한다는 뜻으로 곧잘 쓰인다.[91]

그럼 우리는 '단도리'라는 말을 언제부터 사용했을까? 정확한 시기는 알기 어렵지만 1958년 9월 18일자 『경향신문』에 실린 「여적(餘滴)」에 보이는 '단도리'가 단속의 뜻으로 쓰이고 있다는 것을 알 수 있다.

> 갓쓴 七十 老人이 四書三經을 들고 나오는가하면 "投票날 '**단도리**'를 잘해야 한다"고 野堂에게 귀띔하기도한다. ▶'**단도 리**'를 韓國말로 알고있는 이 地方백성들에게 果然 이번 선거 로써 '해맞이'를 하게될것인가 캄캄漆夜가 한동안 더 계속 될

---

91 박숙희 『우리말 속 일본말』 한올림, 1996, p.56.

것인가[92]

또한 1998년 3월 27일자 『매일경제신문』에는 「한나라 의원들 탈
당 가시화 '긴장'」이라는 기사가 실렸다. 여기에 나오는 '단도리'의
의미도 단속이다.

한나라당 지도체제 개편을 둘러싸고 내분을 겪고 있는 가운데
일부 의원들의 탈당 움직임이 가시화되는 상황에 빠져들고 있다.
…… 김덕룡 의원이나 서청원 사무총장 등 나름대로 세를 갖고
있는 '당권파'측도 계파 의원들에 대한 **단도리**에 나서고 있다.
당권 싸움이 계파간 힘겨루기 양상으로 격화되고 있는 것이다.[93]

한편 1997년 3월 12일자 『한겨레신문』에는 「산골마을 '고향의 봄'」
이라는 글이 실려 있다. 여기서 '단도리'는 채비 곧 준비의 의미다.

물론 쟁기질을 할 정도로 땅이 풀리자면 앞으로 한 달이나 남
았다. 그러나 씨를 뿌려야 할 곡우 전까지 이들이 해야 할 일은
한두 가지가 아니다. 우선 비워뒀던 집을 정리해야 한다. 행여
송수관이 동파되지는 않았는지, 강릉 부근 농가에 맡겨났던 소
들은 건강한지, …… 농기구를 **단도리**하고, 사나운 바람에 누워
버린 비닐하우스 지지대를 다시 세우고, 물꼬를 손봐야 하고

---

92 『경향신문』(1958.9.18.) 「여적(餘滴)」
93 『매일경제신문』(1998.3.27.) 「한나라 의원들 탈당 가시화 '긴장'」

…… 손놀림을 멈출 수 없다.[94]

그렇다면 일본어 'だんどり(段取り, dandori)'는 어떤 의미를 지닐까? 앞에서 이미 제시했듯이 일본어 'だんどり(段取り, dandori)'는 연극 등에서 줄거리의 진행이나 구성, 일의 순서나 방법을 정하는 것, 각오 혹은 궁리하는 것을 뜻한다. 또한 일본의 인터넷 사전인 'goo 사전'에는 'だんどり(段取り, dandori)'를 "일의 순서나 방법을 정하는 것. 또는 그 준비"라고 정의하고 있다.[95] 예컨대 '結婚の段取(kekkon no dandori)'라고 하면 '결혼 준비'가 된다.[96]

결국 우리는 일본어 'だんどり(段取り, dandori)'에서 온 '단도리'를 원래 의미('준비라는 의미')대로 사용하는 한편 거기에 그치지 않고 거기에 '단속'이라는 새로운 의미를 부가하여 사용하고 있다. '단도리'에 의미 변용이 있었다는 것을 확인할 수 있다. 그렇다면 언제부터, 왜 이와 같은 변용이 생겼을까? 우리가 관심을 가져야 하는 것은 '단도리'라는 말의 순화도 순화이지만 의미상 변용이 발생한 배경이라고 생각한다.

【단도리】

첫째, 준비나 채비

둘째, 단속

---

94 『한겨레신문』(1997.3.12.)「산골마을 '고향의 봄'」

95 https://dictionary.goo.ne.jp/word/%E6%AE%B5%E5%8F%96%E3%82%8A/ (검색일: 2020.11.13.)

96 https://dic.daum.net/KUMSUNG_JK(검색일: 2022.11.14.)

닭도리탕

【とり(鳥, tori)】 『광사원』[97]

첫째, 새의 총칭

둘째, ('鷄'라고 써서)닭

아버지는 매년 새해에 떡국을 드실 때마다 '꿩 대신 닭'이라고 말하시면서 "떡국에는 역시 닭고기가 최고야!"라고 강조하셨다. 그래서 나는 떡국에는 반드시 닭고기가 들어가야 한다고 생각했었다. 하지만 사실은 달랐다. 우연한 기회에 친구 집에서 떡국을 먹게 됐는데, 그 집에서는 떡국에 닭고기가 아니라 소고기를 넣었다. 문화 충격이었다. 떡국에 무엇을 넣는가는 집에 따라서, 지역에 따라서 다를 수 있다는 것을 그때 처음 알게 됐다.

닭고기와 맺은 인연은 떡국에서 시작됐지만 이후 삼계탕, 닭백숙, 통닭, 닭갈비, 닭곰탕, 닭죽, 찜닭, 닭개장, 닭꼬치, 닭똥집, 닭발 그리고 닭도리탕 등으로 이어졌다. 닭고기와 나의 삶은 떼려야 뗄 수 없는 관계가 되었다. 그런데 일본어를 배워가면서 '닭도리탕'이라는 말에 일본어가 들어있지는 않나 하는 의심이 생겼다. 단정을 지을 수는 없지만 '닭도리탕'의 '도리'가 일본어 'とり(鳥, tori)'와 발음이 유사하고, 닭이라는 의미도 있기 때문이었다.

국립국어원도 다음과 같이 말하면서 '닭도리탕'의 '도리'가 일본어에서 왔을 수 있다고 생각하고 있다. 좀 길지만 중요한 부분이기에 그대로 인용한다.

'닭도리탕'에 대해 표준국어대사전에서는 '(−<일> tori[鳥]湯)'이라고 어원 풀이를 하고 있습니다만, 더 구체적으로 어원을 밝히면 '닭'+'니와도리(にわとり, 鶏)'+'탕(湯)'이 됩니다. '니와도리(니와토리)'는 '닭'을 뜻하는 일본어인데, [니와(뜻: 마당, 뜰)의 도리(뜻: 새)]라는 의미로 구성된 합성어이며, '니와도리'의 축약형인 '도리'만 남아 '닭도리탕'의 단어 구성 요소가 된 것입니다. 일반적으로 일본어에서 '닭'을 '도리(とり)'라고 표현하기도 합니다. 일본어사전을 찾아보면 합성명사가 아닌 단일어 'とり'에 대해서도 '鶏'라는 한자를 병기함을 확인할 수 있습니다. 그 외에 합성명사의 예들도 있습니다. '닭고기'를 '鶏肉(とりにく, 도리니쿠)', '찜닭'을 '蒸し鶏(むしとり, 무시토리)', '닭구이'를 '焼き鶏(やきとり, 야키토리)'라고 하는 것이 바로 그런 예입니다. 따라서 어원상 '닭도리탕'은 '닭닭탕'과 같은 말이 되는데, 이와 같은 동어반복은 자연스러운 단어 결합은 아니지만, '살아생전, 처갓집, 외갓집, 해변가, 돼지족발'처럼 일부 단어에서는 언어 대중의 폭넓은 지지를 받아 사용되고 있기도 합니다.…… 한편, '닭도리탕'의 다듬은 말인 '닭볶음탕'은 닭을 감자, 당근, 파, 무 등 여러 채소와 함께 볶을 때 채소에서 물이 스며 나와 마치 탕처럼 국물도 생기기 때문에 붙여진 이름입니다. '볶음'은 대개 국물이 없는 요리를 가리킵니다. 그러나 '닭도리탕'에 국물이 있기는 해도 '삼계탕', '보신탕', '매운탕'처럼 많은 것은 아니고 '찜닭'처럼 국물이 조금 있습니다. '닭'과 채소류를 볶을 때 음식 자체의 수분이 배어 나와 국물도 생기기 때문에 '볶음(음식의 재료를 물기가 거의 없거나 적은 상태로 열을 가하여 이리저리 자주 저으면서 익히는 일)'이라는 말과 '탕'이라는 말이 모두 포함된 '닭볶음탕'이라는 대체 용어가 만들어졌습니다. **조리 과정으로 본 음식의 특성과 음식 명칭의 생성 시기가 그리 오래되지 않았다는 점 등**

을 종합해 볼 때 '닭도리탕'의 '도리'는 일본어 'とり'로 판단할 수 있습니다.[98]

위 인용문에서 알 수 있듯이 국립국어원은 조리 과정에 보이는 음식의 특성과 명칭의 생성을 고려했을 때 '닭도리탕'은 우리의 고유어(닭)와 고유 일본어(도리, 鳥, tori) 그리고 한자어(탕, 湯)로 구성됐다고 보고 있다.

강재형도 우리말 에세이인 『애무하는 아나운서』에서 '닭도리탕'은 토박이 말(닭)+일본어(とり)+한자(湯)가 한데 모인 다국적어라고 지적한다. 그리고 '닭도리탕'은 '탕'이라기보다는 '볶음'에 가까우니 '닭도리탕' 대신에 '닭감자볶음'이라는 말을 쓰자고 제안한다.[99]

그러나 권대영은 2016년 5월 30일자 식품 및 외식산업 종합정보지인 『식품외식경제』에 실은 「닭도리탕은 순수한 우리말 이름이다」라는 글에서 '닭도리탕'은 일본어가 아니라 순수한 우리말이라고 반론한다. 좀 길지만 군데군데 생략하면서 중요한 논점을 인용한다.

닭도리탕에서 '도리'가 우리말 '새'를 일본어로 표현한 것이라며 '닭도리탕은 일본말이다'라는 주장이 있다. 이 주장은 일본말 도리가 우리말 새인줄 몰랐던 사람에게는 그럴듯해 보인다. …… 닭도리탕의 어원 논란은 1970년대 시작된 고스톱 놀이에서 찾을 수 있다. 고스톱 용어 중 '고도리'는 '고'가 '다섯'

---

98 https://www.korean.go.kr/(검색일: 2020.9.10.)
99 강재형 『애무하는 아나운서』 예문, 1996, pp.26-27.

을 뜻하고 '도리'는 '새'를 나타낸다. 고도리로 날 경우 이 다섯 마리 새(매조의 한 마리 새, 흑싸리에서의 한 마리 새, 공산에서의 세 마리 새를 합치면 다섯 마리 새)를 잡은 경우라 해 고도리라 했다. 이 때문에 닭도리탕에서의 '도리'도 우리말 '새'를 나타내는 일본말로 닭이 새이기 때문에 따라서 닭도리탕이라고 부르게 됐다는 것이다. 이것이 닭도리탕의 일본말 논란이 시작된 경위이다. …… **닭도리탕, 꿩도리탕, 토끼도리탕의 기록이 1920년대 문헌(조선무쌍신식요리법**[100] **등)에 나타나는 것으로 보아** 그 이전, 즉 일제합병기 전부터 우리 조상들은 닭도리탕을 즐겨 만들어 먹었던 것으로 보인다. 닭도리탕을 자주 만들어 먹었던 그 예전에 일본식 이름으로 부를 이유가 있었을까? 우리 선조들이 어떻게 일본어를 알았을까? …… **우리말에는 '도려내다'와 '도려치다' 또는 '도리치다'라는 말이 있다.** 칼로 조심스럽게 도려내는 것을 '도려내다', 칼이나 막대기로 돌려가면서 거칠게 쳐내는 것을 '도려치다'나 '도리치다'라고 한다. '도려치다'는 나중에 표준어로 '도리치다'로 굳어졌다. 즉 닭도리탕은 닭을 칼 등으로 도리치어 탕을 만든 것이기 때문에 오래 전부터 자연스럽게 생긴 우리말이다.[101]

권대영은 1924년에 출간된 요리책인 이용기의 『조선무쌍신식요

---

100 정확한 서명은 『조선무쌍신식요리제법(朝鮮無雙新式料理製法)』이다. 여기서 '무쌍(無雙)'은 조선요리책으로 이만한 것은 없다는 의미라고 한다.

101 https://www.foodbank.co.kr/news/articleView.html?idxno=48356(검색일: 2020.9.10.)

리제법』에 닭도리탕이라는 말이 이미 나오고, 또한 우리말에 '도리치다'가 있기에 '닭도리탕'은 순수 우리말이라고 지적한다.

그런데 『조선무쌍신식요리제법』을 살펴보면 '닭도리탕'이라는 어휘는 보이지 않는다. 한명주·김업식은 「『조선무쌍신식요리제법』에 수록된 부식류의 조리법에 관한 고찰(I)－탕(국), 창국, 지짐이, 찌개, 찜, 조림, 초, 백숙, 회, 편육－」에서 1924년에 출간된 『조선무쌍신식요리제법』에 나오는 탕 관련 요리명을 소개하고 있는데 여기에는 잡탕, 골탕, 추포탕, 족탕, 주저탕, 갈비탕, 완자탕, 오복탕, 용봉탕, 총계탕, 계란탕, 선기야탕(승기악탕), 이리탕, 와가탕, 추탕, 별추탕, 자라탕, 애탕, 파국(총탕), 소탕, 삼태탕 같은 요리명은 나오지만 '닭도리탕'이라는 용어는 보이지 않는다.[102] 또한 『조선무쌍신식요리제법』은 1936년에는 증보(增補)된 『조선무쌍신식요리제법』으로 출간됐는데, 이것을 복간한 도서[103]를 살펴봐도 '닭구의'[104]와 '닭복금'[105] 그리고 '닭조림' 등의 요리명은 보이지만 '닭도리탕'은 나와 있지 않다. 권대영은 '닭복금'이 '닭도리탕'을 의미한다고 해석했는지 모르겠다.

그렇다면 '닭도리탕'이 우리 고유어라는 권대영의 주장은 성립하기 어려울 것 같다. 그럼 남은 가능성은 앞에서 예시한 국립국어원

---

102 한명주·김업식 「『조선무쌍신식요리제법』에 수록된 부식류의 조리법에 관한 고찰 (I)－탕(국), 창국, 지짐이, 찌개, 찜, 조림, 초, 백숙, 회, 편육－」『한국식생활문화학회지』 제23집, 한국식생활문화학회, 2008, pp.428-430.

103 이용기 『증보 조선무쌍신식요리제법』 라이스토리, 2019, pp.1-17.

104 원문 그대로.

105 원문 그대로.

과 같이 '닭도리탕'의 '도리'는 일본어라는 견해다. '닭도리탕'과 같이 한국어와 일본어의 조합이거나 그 반대로 일본어와 한국어의 조합으로 이루어진 다른 어휘가 있다면 국립국어원의 견해는 좀 더 설득력을 얻을 수 있다고 생각한다.

지금은 잘 쓰지 않지만 '전기다마'라는 말이 있다. 이에 대해 유종호는 『사라지는 말들―말의 사회사』에서

> 우리는 어려서는 (백열전등을 혹은 전등을. 인용자)흔히 '전기다마'라고 했다. 일인들은 전구(電球)라는 말을 쓰면서 일상생활에서는 그냥 '다마'라고 했다. 다마는 球, 玉, 珠의 뜻을 가진 쉬운 일본말이다. 그러니까 **우리는 우리말과 일어의 합성어를 만들어서 전기다마라고 했다.** 해방 후에도 오랫동안 사용되었던 것으로 알고 있다.[106]

라고 말하면서 '전기[107]다마'를 한국어와 일본어의 조합이라고 말한다. 이런 조합에는 '메밀소바'라는 말도 들어갈 수 있다. '메밀'은 한국어이고 '소바(そば, soba)'는 일본어이기 때문이다.[108]

---

106 유종호 『사라지는 말들―말의 사회사』 현대문학, 2022, p.68.

107 한자어 '전기(電氣)'는 중국인이 영어 electric을 한자로 옮긴 것을 우리가 차용하고 있다고 생각한다. 미국(美國)이라는 한자어처럼 말이다.

108 일본어에도 한국어와 일본어의 조합이 있다. 이를테면 우리의 김치찌개를 일본에서는 보통 'チゲ鍋(jjigae nabe)'라고 하는데 'チゲ(jjigae)'는 우리말 '찌개'를, '鍋(nabe)'는 '냄비(요리)'를 각각 가리킨다. 참고로 일본어 '鍋(nabe)'와 한국어 '냄비'에는 두 가지 어원설이 있다. 하나는 일본어 '鍋(nabe)'에서 한국어 '냄비'가 발생했다는 설이고, 다른 하나는 그 반대다. 예를 들어 조항범은 전자의 견해를 보이면서 일본어 '鍋(nabe)'가 조선시대에 유입됐다고 말한다.
조항범 『우리말 어원 사전』 태학사, 2022, pp.144-145.

한편 일본어와 한국어의 조합으로 된 말도 있다. 예컨대 지금도 사용하는 말에 '모찌떡'이라는 말이 있다. '모찌떡'은 일본어 '모찌(もち, mochi)'와 우리말 '떡'의 조합으로 이루어져 있고, '모찌떡'에서 '모찌'는 '찰벼 나(糯)' 곧 우리말의 찹쌀을 의미한다. 따라서 '모찌떡'을 풀어서 말하면 '찹쌀떡'이 된다. 또한 지금도 가끔 사용되는 것 같은데 '몸뻬 바지'라는 말도 있다. 이것도 일본어 '몸뻬'와 우리말 '바지'로 구성되어 있다. '몸뻬'는 일본어 'もんぺ(monnpe)'에서 온 것으로 여성이 일할 때나 방한용으로 입는 바지를 가리킨다. 허벅지의 통이 크고 허리에 고무줄이나 끈이 들어가 있다. 이밖에 '부사 사과'와 '아오리 사과'의 '부사(富士)'와 '아오리(アオリ, aori)'는 사과 품종을 가리키는 일본어이기에 이들 단어도 일본어와 한국어로 되어 있다고 볼 수 있다.[109]

앞에서 예시한 '닭도리탕', '모찌떡', '몸뻬 바지' 등은 동어반복적인 요소가 있다. 이런 동어반복은 '역전앞'이나 '한옥집' 그리고 '가사일' 등에서 발견할 수 있다. 고종석은 『국어의 풍경들』에서 이런 동어반복을 '잉여적 표현'[110]이라고 명명하고, 이런 '잉여적 표현'의 옳고 그름은 그 언어를 실제로 상용하는 사람들이 최종적으로 정해야 한다고 강조한다.

또한 이들 어휘에는 이전의 것과 새것을 구분하고자 하는 의식도

---

109 이 밖에도 일본어와 한국어의 조합은 일제강점기에 교직에 몸담았던 교사들의 별명에도 보인다. 유종호는 "교사의 별명은 창씨 성에 우리말을 붙이기가 예사였다. '가쓰라기 맹꽁이' '히로나다 빨갱이'는 실재했던 교사의 별명이다"라고 말한다. 흥미로운 사례라고 생각한다.
유종호 『사라지는 말들 – 말과 사회사』 현대문학, 2022, p.33.

110 고종석 『국어의 풍경들』 문학과지성사, 1999, p.63.

들어 있다고 생각한다. 이를테면 '모찌떡', '몸뻬 바지'가 그렇다. 말이라는 것은 경제적으로 만들어진다는 신념을 가지고 있는 나로서는 다음과 같은 가설을 가지고 있다. 이때 경제적이라는 것은 완벽하게 같은 뜻을 나타내기 위해서 굳이 새로운 어휘를 만들 필요가 없다는 의미다. 즉, '모찌떡'이 처음 나왔을 때는 엄밀한 의미에서 우리의 찹쌀떡과 다른 떡이 아니었을까? 그래서 비슷하지만 구분할 필요가 있었기에 '모찌떡'이라는 말이 만들어진 것은 아닐까? '몸뻬 바지'도 마찬가지다. 바지는 바지이지만 우리에게는 없었던 스타일의 바지였기에 '몸뻬 바지'라고 불렀다고 생각한다. '닭도리탕'도 이와 비슷하지 않았을까? 예전에 있었던 닭찜이나 닭조림 그리고 닭볶음과 비슷하기는 하지만 다른 음식이라는 것을 나타내기 위해서 '닭도리탕'이라는 신조어를 만든 것이 아니었을까?

그런데 안타깝게도 현재로서는 국립국어원의 견해와 같이 '닭도리탕'이 한국어와 일본어의 조합이라고 확정 짓기는 어려워 보인다. 왜냐하면 단정할 수는 없지만 일본에 우리의 '닭도리탕'과 비슷한 음식이 없어 보이기 때문이다. 곧 일본 요리의 영향 관계가 불분명하다.

'닭도리탕'의 어원을 밝혀내는 것도 중요하기는 하지만 일본어 유래설과 우리 고유어설에 치중된 나머지 기존 논의에는 빠진 부분이 있다고 생각한다. 그것은 '닭도리탕'은 닭찜이나 닭조림 그리고 닭볶음 같은 요리가 아니라는 것이다.

1990년에 들어서 '닭도리탕'이라는 말을 순화한 '닭볶음탕'이 등장했다. 1990년대나 30년 가까이 지난 지금이나 '닭볶음탕'이 완전히 시민권을 얻었다고는 말하기 어려운 실정이다. 또한 강재형도 앞에서 예시한 『애무하는 아나운서』에서 '닭도리탕'은 '탕'이라기보다는 '볶음'에 가까우니 '닭도리탕' 대신에 '닭감자볶음'[111]을 쓰자고 제안했지만 이것도 시민권을 획득하지 못했다.

왜 그럴까? 우리가 '닭도리탕'이라는 말에 익숙해 있기 때문일 수도 있지만 '닭도리탕'이라는 요리는 '닭볶음탕'도 '닭감자볶음'도 아니기 때문이다. '닭도리탕'이라는 요리의 정체성을 '닭볶음탕'도 '닭감자볶음'도 제대로 나타내지 못하기 때문이라고 생각한다. 그런 의미에서 중요한 것은 어원이 아니라 기존의 조리 방식 및 양념 등과는 다른 '닭도리탕'이라는 새로운 요리 그 자체가 아닐까. 마치 '치킨'+'맥주' 곧 치맥을 즐기는 우리에게 '치킨'을 다른 말로 대체하기 어려운 것처럼 말이다.

> **【닭도리탕】**
> 잘게 썬 닭고기에 파, 마늘, 깻잎, 간장, 설탕 등의 양념과 물을 넣고 끓인 탕 요리

---

111 강재형 앞의 책, pp.26-27.

제10절

독고다이

○

> **【とっこうたい(特攻隊, tokkoutai)】** 　　　　　『광사원』[112]
>
> 특별특공대(特別特攻隊, とくべつとっこうたい, tokubetu
> tokkoutai)의 준말. 특히 태평양전쟁 때 몸을 내던져 공격을
> 행한 일본육해군의 부대

112　https://dic.daum.net/KOJIEN(검색일: 2022.11.15.)

언제부터인가 '독고다이'라는 말이 귀에 들어왔다. 예를 들어 "그 사람은 '독고다이'야. 다른 사람과 잘 어울리지 않으니까"처럼 말이다. 무슨 뜻인지 명확히 잘 몰랐지만 문맥상 혼자 행동하는 사람이라는 뜻으로 이해했다.

2017년 4월 1일자 『중앙일보』에 따르면 홍준표 자유한국당 대통령 후보는 자신은 누구에게 고개를 조아리고 줄을 서는 사람이 아니라고 말하면서 자신의 인생을 '독고다이(단독 플레이)'라고 표현했다고 한다. 가난한 어린 시절을 보냈지만 혼자 힘으로 지금의 위치까지 왔다는 자신감이 담긴 말이라고 한다.[113]

우리는 '독고다이'라는 말을 홍준표처럼 사용하고 있다. 예컨대 유수진은 재테크 관련 서적인 『부자언니 1억 만들기』에서 다음과 같이 말한다.

인간관계도 정리가 필요하다. 전화번호부 정리가 그 첫 번째다. 존재만으로도 선물인 사람, 만나면 힘이 되는 사람, 도움을 주고받을 수 있는 사람만 남겨두자. 돈 덕후들에게 인간관계는 '넓고 얕게'가 아니라 '좁고 깊게'가 진리다. 인생은 어차피 혼자 왔다 혼자 가는 것이고, 내 인생에서 생기는 모든 문제는 결국 스스로 해결해야 한다. 그러니 원래 인생은 **독고다이**, 누군가 인연이 되어 내 곁에 와 함께 걷다가 인연이 끝나면 각자 갈 길 가는 것이 자연스러운 일이라 생각하고 인간관계에 연연하지 말라는 얘기다.[114]

---

113 『중앙일보』(2017.4.1.) "'내 인생은 독고다이' … 욕 먹어도 할 일 한다는 홍키호테」
114 유수진 『부자언니 1억 만들기』 세종서적, 2018, pp.15-16.

위 인용문에서 알 수 있듯이 유수진도 '독고다이'를 '인생은 혼자 가는 고독한 길'이라는 문맥에서 쓰고 있다.

결국 우리는 국립국어원이 추진하는 개방형 한국어 사전인 『우리 말샘』이 정의하고 있듯이 '독고다이'를 '남과 어울리지 않고 혼자 행동하는 사람'[115] 혹은 주변의 신경을 쓰지 않고 홀로 행동하는 사람이라는 뜻으로 사용하고 있다.

그렇다면 우리는 이 '독고다이'라는 말을 언제부터 썼을까? 적어도 1960년대부터는 이 말을 사용했던 것 같다. 1961년 7월 29일자 『조선일보』에는 아래와 같은 기사가 실려 있다. 여기서 '독고다이'는 지금 우리가 사용하는 의미와 달리 '밀수선'의 의미다.

五・一六전만해도 시속三十 '노트'의 밀수선들은 아침부터 판을 쳤다. 이른바 **'독고다이'(特攻隊)라고 불리우는 밀수선**들은 시속十 '노트'에 불과한 경비장들을 놀리듯 왕래하였다.[116]

한편 1970년대에 '독고다이'는 '조직 없이 단독으로 범행을 저지르는 범죄인'의 의미로도 쓰였다.

검찰은 또 조직적인 소매치기외에 **조직이 없이 단독으로 범행해온 이른바 '독고다이'**들에 대해서도 수사를 하고 있는데

---

115 https://opendic.korean.go.kr/(검색일: 2020.11.16.)
116 『조선일보』(1961.7.29.) 「판치던 밀수선 潛跡」

이들의 신원은 파악되지 않은 것으로 알려졌다.[117]

1960년대의 사례에서 알 수 있듯이 '밀수선'을 뜻했던 '독고다이'에는 '집단이 아닌 개인(홀로)'이라는 의미가 다소 가미되어 있는 것처럼 느껴지는 데, 1970년대에 들어서 '독고다이'에 현재 우리가 쓰는 의미와 상당히 유사한 '집단이 아닌 개인(홀로)'이라는 의미가 들어간다. 그리고 이런 의미는 1980년대에도 이어진다. 1986년 8월 22일자 『동아일보』에는 다음과 같은 기사가 실렸다.

> 이들(거물폭력조직. 인용자)은 고급아파트를 세내 돈많은 사람들을 끌어들여 도박판을 안전하게 개장해주는 댓가로 속칭 '고리'라는 명목으로 판돈의 20~30% 정도를 뗀다. 해결사노릇은 C급폭력조직 또는 **'독고다이(개인건달)'**들이 맡을뿐 A급 폭력조직원들은 큰 '건'이나 '아르바이트'로 맡을뿐 인기분야는 아니라는 것이다.[118]

여기서 '독고다이'는 건달이기는 하지만 조직을 이루어 움직이는 건달이 아니라 개인으로 활동하는 건달을 의미한다.

이처럼 '집단이 아니라 개인'이라는 뜻이 들어간 '독고다이'를 홍준표나 유수진과 같이 '인생은 결국 혼자'라는 의미로 쓰기 시작한 것은 대략 2000년대에 들어서라고 생각한다. 그것을 명확히 보여주

---

117 『동아일보』(1975.6.16.) 「全國 소매치기 21개派 系譜 파악」
118 『동아일보』(1986.8.22.) 「'주먹'이 춤추는 밤의 '돈줄'」

는 것이 2008년에 이기호가 저술한 에세이 『독고다이(獨 GO DIE)』(랜덤하우스코리아, 2008)다. 이 책의 책 띠에 "오로지 홀로(獨) 살아(GO) 간다는(DIE) 것, 그것이 곧 인생의 본질이다!"라는 흥미로운 광고 문구가 있다.

이상과 같이 1970년대부터 '독고다이'의 '독'을 '독'이라 쓰고 '홀로(獨)'라고 읽기 시작했고, 2000년을 전후하여 '독고다이'를 인생은 결국 혼자 개척해 가는 것이라는 의미로 사용하기 시작했다고 볼 수 있다.

그렇다면 '독고다이'라는 말은 어디에서 왔을까? 홍준표는 2017년 4월 21일 프레스센터에서 열린 관훈클럽 토론회에서 "독고다이는 순우리말이다"[119]라고 말했다고 한다. 그러나 이 말은 일본어 'とっこうたい(特攻隊, tokkoutai)'에서 유래했다고 봐야 할 것 같다.

이미 앞에서 제시했듯이 일본어사전을 살펴보면 일본어 'とっこうたい(特攻隊, tokkoutai)'는 태평양전쟁 때 몸을 내던져 공격하는 특별특공대(とくべつとっこうたい, 特別特攻隊, tokubetu tokkoutai)의 줄인 말이다. 제국 일본은 태평양전쟁에서 불리해지자 특별특공대 곧 특공대를 조직하여 미국의 전함이나 항공모함 등을 공격하기 시작했다. 그 형태는 여러 가지였다. 예를 들어 전투기 조종사가 편도로만 쓸 수 있는 기름을 넣은 후, 폭탄을 가지고 출격하여 미국의 전함이나 항모에 돌격하여 자폭하는 것이 특공대의 전형적인 임무였다. 자살특공대라고 볼 수 있다.

---

119 『아시아경제』(2017.4.21.) 「홍준표 "독고다이는 순 우리말"…네티즌 "그건 일본어인데.."」

이와 같은 의미가 있는 특별특공대(特別特攻隊, とくべつとっこう たい, tokubetu tokkoutai) 곧 특공대(特攻隊, とっこうたい, tokkoutai) 를 우리는 '밀수선'의 의미로 쓰다가 이후 '조직 없이 단독으로 범행 을 저지르는 범죄인'의 의미로 사용했다. 그리고 개인 건달의 의미 로 쓰다가 2000년을 전후하여 인생이란 결국 홀로 살아간다는 의미 로 쓰기 시작했다.[120] 이것은 '독고다이'의 '독고'를 '독고'라고 쓰고 '독고(獨孤)'로 해석했다는 것을 의미한다. 예를 들어 이런 해석은 황대권의 『빠꾸와 오라이』에서도 확인할 수 있다. 그는 자신의 저서 에서 초등학교 때의 에피소드를 소개하면서

독종으로 이름나서 아무도 건드리지 않는 아이가 있는데 이 런 아이를 우리는 **독고다이**라고 불렀다. 나는 지금까지도 이 말 이 우리말 속어인 줄로만 알고 있었다. 대충 한자로 獨孤對(독 고대)쯤으로 써놓고 '홀로 상대하여 다 때려눕힌다'라고 멋대 로 생각하고 있었지.[121]

라고 말한다.

이런 자의적인 해석으로 일본어 'とっこうたい(特攻隊, tokkoutai)' 에 의미 변용이 생겨 현재 우리가 쓰는 '독고다이'가 됐다고 생각한다.

2019년에 개봉한 학교폭력을 다룬 <독고다이>에서도 알 수 있듯

---

120 김한배는 "화투놀이인 고스톱을 할 때, 다음 사람이 이길 것이 예견되었을 때 자 기가 이길 수 있는 패를 던져서 승부수를 걸 때에 '독고다이 한다'"고 적고 있다. 김한배 『우리말을 좀먹는 우리말 속의 일본말』 동언미디어, 2006, p.109.

121 황대권 『빠꾸와 오라이』 도솔오두막, 2007, pp.54-55.

이 우리가 쓰는 '독고다이'라는 말은 이미 시민권을 획득했다고 볼 수 있다. 이제 '독고다이'는 한국어사전의 표제어에 들어가야 하지 않을까?

【독고다이】
첫째, 남과 어울리지 않고 혼자 행동하는 사람
둘째, 주변의 신경을 쓰지 않고 홀로 행동하는 사람
셋째, 밀수선
넷째, 조직 없이 단독으로 범행을 저지르는 범죄인
다섯째, 개인건달

제11절

무데뽀

【むてっぽう(無鉄砲, muteppo)】　　　　　『광사원』122

시비나 전후 사정을 고려하지 않고 무턱대고 일을 벌이는 것

122　新村出編『広辞苑 第5版』岩波書店, 1998, p.2602.

"넌 왜 항상 그렇게 무데뽀니"

"그 애 성격은 정말 무데뽀야"

일본어라는 것도 모른 채 썼던 일본어 가운데 단연 사용 빈도가 높았던 말은 '무데뽀'다. '무데뽀'는 '무데포', '무대뽀', '무대포' 등과 같이 다양하게 표기하는데, 여하튼 이 말은 신중하지 못하고 대책 없이 함부로 덤비는 사람이나 그러한 태도를 가리키는 말이다. 무모한, 막무가내, 무턱대고 등으로 바꿔 쓸 수 있다. 그런데 이 '무데뽀'가 일본어라는 것을 일본어를 배우면서 알게 되었다.

대학에서 일본어교육을 전공했다. 2학년 때였다. 일본근대문학을 대표하는 작가에 나쓰메 소세키(夏目漱石, natume souseki)가 있는데, 그의 작품인 『도련님(坊っちゃん, bottyan)』(1906)[123]을 읽게 됐다. 이 작품은 다음과 같은 유명한 문장으로 시작한다.

부모에게서 물려받은 **앞뒤 가리지 않는 성격** 때문에 어렸을 때부터 나는 손해만 봐왔다. 초등학교 다닐 때는 학교 2층에서 뛰어내리다 허리를 삐는 바람에 일주일쯤 일어나지 못한 적도 있다. 왜 그런 무모한 짓을 했냐고 묻는 사람이 있을지도 모르겠다. 특별한 이유가 있었던 것은 아니다. 새로 지은 교사 2층

---

123 여기서 'ぼっちゃん(坊っちゃん, bottyan)' 곧 '도련님'은 결혼하지 않은 시동생을 높여서 부르는 것도 아니고 '책상 도련님'(폴김·함돈균 『교육의 미래−티칭이 아니라 코칭이다』)처럼 실생활을 모르고 탁상공론을 하는 사람을 의미하는 것도 아니다. 정의감으로 인습에 대항하는 자를 뜻한다.
폴김·함돈균 『교육의 미래−티칭이 아니라 코칭이다』 세종서적, 2022, p.36.

에서 머리를 내밀고 있었더니 같은 반의 한 친구가 농담으로 놀려댔기 때문이다.

"아무리 으스댄다고 해도 거기서 뛰어내리지 못할걸. 이 겁쟁이야!"

……124

위 인용문에서 번역문인 '앞뒤 가리지 않는 성격'의 일본어 원문은 '무데뽀' 곧 'むてっぽう(無鉄砲, muteppo)'다. 그리고 이 단어는 『도련님』에 나오는 주인공의 성격을 잘 나타내주고 있다. 몇 년 전에 자살로 생을 마감한 마광수도 당대의 문제작이었던 『즐거운 사라』에서 '무데뽀'의 쓰임을 나타내는 다음과 같은 문장을 적고 있다.

사랑을 하려면 무작정 **무데뽀**[125]로 해야지, 이런저런 사설을 주책없이 늘어놓아 가며 너스레를 떠는 것은 영 재수가 없다.[126]

그런데 우리는 '무데뽀'라는 말은 언제부터 사용했을까? 정확하게 확정 짓기는 쉽지 않다. 다만 1982년 9월 21일자 『동아일보』에는 「생활 속의 日帝 잔재(2)」가 연재되고 있었는데 거기에 다음과 같은 기사가 나온다.

---

124 나쓰메 소세키 저 · 송태욱 역 『도련님』 현암사, 2013, p.15.
125 원문 그대로.
126 마광수 『즐거운 사라』 청하, 1992, p.88.

"개 **무데뽀**야. 그런데 앗사리한데는 있더라"했을 때 '**무데뽀**(無鉄砲)'는 '분별없이 덤빈다'는 말이고, '앗사리'는 깨끗하다는 뜻이다.[127]

박숙희는『우리말 속 일본말』에서 '무데뽀'의 어원에 대해 다음과 같이 설명한다.

> 무데뽀라는 말은 무철포(無鉄砲)라는 한자에서 온 말이다. 무철포는 아무 데나 마구 쏘아대는 대포로서, 앞뒤 생각 없이 무턱대고 어떤 일을 하거나, 분별없이 경솔하게 행동하는 것을 뜻하는 속된 표현으로 방향과 시기를 정하지 않고 맹목적으로 마구 쏘아대는 발포행위에 비유한 말이다. 일설로는 전쟁터에 나가는데 총도 없이 무턱대고 뛰어나가려는 사람을 일컫는 데서 나온 말이라고 한다.[128]

이윤옥도『오염된 국어』에서 "무모함을 뜻하는 무데뽀는 총이 도입된 에도시대 일본에서 총 없이 덤비는 군인에서 만들어진 표현이다"[129]라고 말한다.

박숙희와 이윤옥은 '무데뽀'의 한자인 무철포(無鉄砲)를 근거로 '무데뽀'의 어원을 자세히 설명하고 있다. 황대권도『빠꾸와 오라이』

---

127 『동아일보』(1982.9.21.)「생활 속의 日帝 잔재(2)」
128 박숙희『우리말 속 일본말』한울림, 1996, p.72.
129 이윤옥『오염된 국어』인물과사상사, 2013, p.155.

에서 동일한 주장을 하고 있다.[130] 하지만 이 설명은 잘못됐다고 생각한다. 마치 영어 university의 번역어인 '대학교(大學校)'라는 한자를 보고, university는 '큰(大) 학문(學)'을 하는 곳이라고 설명하는 것과 같다.[131]

일본어 'むてっぽう(muteppo)'는 'むてんぽう(無点法, mutemppo)' 혹은 'むてほう(無手法, mutehou)'에서 왔다는 것이 학계의 정설이다. 'むてっぽう(muteppo)'를 '무철포(無鉄砲)'라는 한자로 표기한 것은 후대의 일로 'むてっぽう(muteppo)'에는 '無鉄砲'라는 한자의 의미는 들어 있지 않다. 'むてっぽう(muteppo)'라는 일본어 발음에 '無鉄砲'라는 한자를 가져다 붙였을 뿐이다. 이것을 일본어학에서는 '아테지(当て字, atezi)'라고 한다. 예를 들어 아시아(アジア, azia)를 '아세아(亜細亜)'로, 프랑스(フランス, huransu)를 '불란서(仏蘭西)'로, 커피(コーヒー, kouhi)를 '가배(珈琲)'로 나타내는 것과 같다. 또는 '멋있다(すてき, suteki)'를 '소적(素敵)'으로, '여하튼(とかく, tokaku)'을 '토각(兎角)'으로 표기하는 것과 같다.

그러면 일본어 'むてっぽう(muteppo)'가 어떻게 쓰이고 있는지 살펴보자. 이 말의 의미를 일본어사전에서 찾아보면 앞에서 이미 인용했듯이 '시비나 전후 사정을 고려하지 않고 무턱대고 일을 벌이는 것' 혹은 그런 행동을 하는 사람을 가리킨다. 전형적인 예문을 몇 가지 들어보자.[132]

---

130 황대권 『빠꾸와 오라이』 도솔오두막, 2007, p.214.
131 최경옥에 따르면 '대학교'라는 번역어는 1880년대에 일본에 파견된 외교사절단인 수신사에 의해 조선에 들어와서 1890년 중반 이후 정착했다고 한다.
최경옥 『한국 개화기 근대 외래어 한자어의 수용 연구』 제이앤씨, 2003, p.138.

A: 부정적 혹은 다소 부정적

そんな無鉄砲なことをしては困る[133]: 그런 무모한 행동을 하는 것은 곤란하다

お前は無鉄砲で困る: 너는 무모하기에 곤란하다

乱暴に、無鉄砲にまたは破壊的に行動する: 난폭하고 무모하게 또한 파괴적으로 행동하다

無鉄砲な青年時代を送る: 무계획적으로 젊은 시절을 보내다

B: 중립적

無鉄砲で子供の時から損ばかりしている: 앞뒤 가리지 않는 성격 때문에 어렸을 때부터 나는 손해만 봐왔다[134]

A에 보이는 사용례를 살펴보면 여기에 나오는 일본어 'むてっぽう (muteppo)'에는 부정적 혹은 다소 부정적인 어감이 있다. 한편 B에 보이는 사용례는 앞에서 예시한 나쓰메 소세키의 『도련님』의 서두에 나오는 "부모에게서 물려받은 앞뒤 가리지 않는 성격 때문에 어렸을 때부터 나는 손해만 봐왔다"에 나오는 예문이다. 『도련님』에 나오는 주인공의 성격이 일본어 'むてっぽう(muteppo)'에 잘 나타나 있다. 곧 주인공은 앞뒤를 잘 생각해서 행동하는 사람이 아니라는

---

132 https://www.weblio.jp/content/%E7%84%A1%E9%89%84%E7%A0%B2
      (검색일: 2022.10.21.)
      단, 졸역은 인용자.

133 로마자 표기는 생략. 이하 같음.

134 나쓰메 소세키 저 · 송태욱 역 앞의 책, p.15.

말이다. 표현을 바꾸면 이해타산적이 아니라는 말이기도 하다. 그리고 이런 성격이 에돗코(江戸っ子, edokko) 곧 지금의 동경(東京) 사람들의 기질이라는 것이다. 따라서 여기에 쓰인 일본어 'むてっぽう(muteppo)'는 반드시 부정적인 것만은 아니라고 생각한다.

그러면 우리가 쓰는 '무데뽀'의 어감은 어떨까? 『고려대 한국어대사전』[135]에는 다음과 같은 설명이 있다.

> 무데뽀(muteppo)
> 신중함이나 대책이 없이 함부로 덤비는 사람이나 그러한 태도를 속되게 이르는 말
> 형태분석[(일본어)無鉄砲, muteppo]. '막무가내(莫無可奈)', '무모(無謀)'로 순화

위의 인용문과 앞에서 예시했던 "넌 왜 항상 그렇게 무데뽀니" 같은 사용례를 보면 우리가 쓰는 '무데뽀'에는 부정적인 어감이 들어 있다고 볼 수 있다.

그런데 우리의 실제 언어생활에서는 이 '무데뽀'가 긍정적으로 쓰이는 때도 있다. '무데뽀'('무데포', '무대뽀', '무대포') 뒤에 '정신'을 붙여서 쓸 때가 그렇다. 일본어 표현에서는 일본어 'むてっぽう(muteppo)'에 정신(精神)이 붙어 있는 용례가 없는 만큼 대단히 흥미롭다. 예를 들면 다음과 같다.

---

135 https://dic.daum.net/(검색일: 2022.10.21.)

중소기업청에 따르면 현재 대학 내 실험실 기업은 100여 개, 전국 대학 창업 동아리는 300개에 이른다고 한다. 기발한 아이디어와 꿈꾸는 젊은이들이 있는 대학은 벤처창업의 전지(電池, 인용자)라지만 정부의 적극적 육성방침에도 불구하고 벤처기업이 성공하기는 아직 힘든 게 우리 현실이다. 이들이 말하는 벤처정신이란 **'무대뽀'** '헝그리' '배째라' **정신**이라는 데 그 말에 걸맞은 그들의 실험과정도 보여준다.[136]

또한 '무대뽀'는 뒤에 '정신'이라는 말을 붙여서 우리가 겪었던 시대상을 잘 나타내는 사례도 있다.

지난해 초 영화 '넘버3'가 개봉됐을 때만 해도 주인공 한석규 최민식에 가려 있던 그(송강호. 인용자)가 IMF와 우연하게 때를 맞춘 비디오출시와 함께 두 사람을 누르고 우뚝 서버렸다. 송강호가 강조한 **'무대뽀' 정신**, 헝그리 정신 때문이다. …… 경쟁에서 지거나 하는 일이 시답잖은 사람에게는 "허, 허, 헝그리 정신이 부족하다"는 비난이 돌아온다. IMF 위기도 **'무대뽀' 정신**, 헝그리 정신으로 깨부수기를 바라는 요즘 사람들의 심리가 송강호를 스타로 띄운 셈이다.[137]

위의 인용문에 잘 나와 있듯이 일본어 'むてっぽう(muteppo)'의

---

136 『매일경제』(1999.11.9.) 「대학 창업 동아리의 벤처 정신」
137 『동아일보』(1998.4.21.) 「'넘버1' 넘보는 '헝그리 정신'」

의미와 달리 '무데뽀'가 우리 언어생활에서 긍정적으로 쓰이거나 당대의 시대상을 잘 묘사하고 있다는 점이 흥미롭다.

'무모한', '막무가내', '무턱대고' 등으로 바뀌어야 할 '무데뽀'이기는 하지만 그 말에 담긴 역사와 문화는 기억하는 것도 좋지 않을까. 그리고 한 가지 첨언하고 싶다. 이제는 '무데뽀' 정신에서 벗어나 합리적 정신, 배려하는 정신, 공감하는 정신이 강조되는 시대가 되어야 하지 않을까. 특히 MZ세대가 주인공이 될 미래 시대에서는 이런 정신이 더욱 요구된다고 생각한다.

【무데뽀】
첫째, 신중함이나 대책이 없이 함부로 덤비는 사람이나 그러한 태도를 속되게 이르는 말
둘째, 무데뽀 정신은 헝그리 정신과 같이 쓰여서 도전 정신, 실험 정신을 뜻하기도 함

삐끼

【きゃくひき(客引き, kyakuhiki)】 『광사원』[138]

여관·유곽·공연 등에서 손님을 불러들이는 것. 또는 그런
  일을 하는 사람

【ひき(引き, hiki)】 『광사원』[139]

첫째, 끌어당김

둘째, 연줄. 연고

셋째, 낚시에서 물고기가 먹이를 물고 잡아당기는 일

넷째, 가격 인하

---

138 https://dic.daum.net/KOJIEN(검색일: 2022.11.17.)

139 https://dic.daum.net/KOJIEN(검색일: 2022.11.17.)

몇 년 전 일이다. 친구와 함께 시내 중심가에 있는 먹자골목을 지날 때였다. 지나가는 사람들에게 명함 크기의 전단지를 주면서 호객을 하는 사람이 있었다. 친구는 그를 향해 "또 '삐끼'네. 이 근처는 '삐끼'가 많아서 귀찮아"라고 말했다. 이 말을 듣는 순간 도대체 이 '삐끼'라는 말의 정체가 무엇인지 궁금해졌다.

현재도 언론 등에서 '삐끼'라는 용어를 사용하고 있는데, 1980년 대 언론 기사를 검색해보면 '삐끼'라는 말이 많이 보인다. 예를 들어 1984년 12월 8일자 『동아일보』에는 다음과 같은 기사가 실렸다. 여기에 나오는 '삐끼'는 유객꾼 곧 호객하는 사람을 가리킨다.

> D기업 중견간부 韓모씨(42)는 지난 며칠전 江南구 新沙동에서 **유객꾼**인 속칭 '**삐끼**'들의 안내로 술집에 갔다가 중학교를 중퇴했다는 15세 전후의 소녀들이 음란한 서비스를 하는 것을 보고 놀랐다고 말한다.[140]

그런데 이 '삐끼'라는 말은 대체 어디서 유래한 것일까? 박숙희는 『우리말 속 일본말』에서 '삐끼'는 일본어 '히끼'에서 왔다고 말한다. 즉, 일본어 'ひき(引き, hiki)'는 낚시에서 줄을 당기는 것을 가리키는 말이다. 그러던 것이 우리나라에 들어와서는 당구 용어로도 쓰이고, 손님을 끌어들이는 호객꾼을 가리키는 은어로도 쓰이고 있다. 그중에서도 특히 구두 닦을 손님을 모으는 호객꾼이나 유흥가로 갈 사람을 유인하는 호객꾼을 가리키는 말로 널리 쓰인다. 본래 발음은 '히

---

140 『동아일보』(1984.12.8.) 「10대소녀 淪落 늘어난다」

끼'(혹은 '히키')인데 우리나라에서 은어로 쓰이면서 남들이 알아듣지 못하게[141] '삐끼'로 바꿔 부르고 있다.[142] 또한 『한겨레 말모이』(1997, 하늘연못)를 출간한 장승욱은 1997년 10월 7일자 『한겨레신문』에 '삐끼'가 일본어 '히끼'에서 왔다고 단정 짓지는 않았지만 그 가능성을 열어놓고 있다.[143]

이처럼 박숙희와 장승욱은 '삐끼'가 일본어 'ひき(引き, hiki)'에서 왔다고 말한다. 그럴 가능성이 없지는 않지만 과연 그럴까?

앞에서 제시한 대로 일본어 'ひき(引き, hiki)'에는 끌어당김, 연줄, 낚시에서 낚싯줄을 잡아당기는 일, 가격 인하 등의 의미는 있지만 호객 행위나 호객꾼이라는 뜻은 없다. 우리가 사용하는 '삐끼'는 오히려 일본어 'きゃくひき(客引き, kyakuhiki)'에서 왔을 가능성이 더 크다고 생각한다.

김한배는 『우리말을 좀먹는 우리말 속의 일본말』[144]에서, 홍근은 『재미로 읽어보는 우리말 속의 일본어』에서 일본어 'きゃくひき(客引き, kyakuhiki)'에서 '히끼(ひき, hiki)' 곧 '삐끼'가 왔다고 말한다. 여기서는 홍근의 설명을 인용한다. 그는 『재미로 읽어보는 우리말 속의 일본어』에서

　　　　손님을 호객하는 사람을 우리는 '삐끼'라는 속어로 표현하곤

141　그런데 여기서 한 가지 의문이 생긴다. 일본어 발음대로 말하면 우리나라 사람들이 모두 그 의미를 이해할 수 있다는 말인가?

142　박숙희는 『우리말 속 일본말』 한울림, 1996, p.136.

143　『한겨레신문』(1997.10.7.) 「"우리말 아름다움 다시 알게 됐죠"」

144　김한배 『우리말을 좀먹는 우리말 속의 일본말』 동언미디어, 2006, p.156.

한다. 이 말도 일본어 호객(呼客)을 의미하는 'きゃくひき[客引: 캬쿠히키[145]]'에서 유래하였다. 자주 쓰는 단어는 대체적으로 줄어들고 발음하기 편하게 되는 경향이 있다. 따라서 자연스럽게 '캬쿠히키[146] → 히키 → 비키 →삐끼'로 되었다.[147]

고 지적한다.

앞에서 제시한 일본어사전에 나오는 'きゃくひき(客引き, kyakuhiki)'에는 "여관・유곽・공연 등에서 손님을 불러들이는 것. 또는 그런 일을 하는 사람"이라는 의미가 있다. 호객 행위 그 자체 혹은 호객 행위를 하는 사람을 가리키는 말이다.

이처럼 일본어 'きゃくひき(客引き, kyakuhiki)'에는 호객 행위 그 자체 혹은 호객하는 사람을 가리키는 의미가 있다. 따라서 우리가 쓰는 '삐끼'는 일본어 'ひき(引き, hiki)'에서 왔다기보다는 오히려 일본어 'きゃくひき(客引き, kyakuhiki)'에서 유래했다고 봐야 하지 않을까.

그런데 우리가 쓰는 '삐끼'와 일본어 'きゃくひき(客引き, kyakuhiki)'에는 다른 점이 있다. 첫째, 발음이 다르다. 곧 발음이 변용됐다. 둘째, 일본어 'きゃくひき(客引き, kyakuhiki)'가 호객 행위 그 자체 혹은 호객을 하는 사람을 가리키는 데 반해 우리가 쓰는 '삐끼'는 주로 호객꾼을 가리킨다. 그것은 국립국어원『표준국어대사전』이 "호

---

145 원문 그대로.
146 원문 그대로.
147 홍근『재미로 읽어보는 우리말 속의 일본어』북랩, 2019, p.163.

객 행위를 하는 사람을 속되게 이르는 말"로 '삐끼'를 정의하고 있는 데서도 알 수 있다. 셋째, 일본에서 'きゃくひき(客引き, kyakuhiki)' 곧 호객 행위는 불법이다. 그래서 거리에서 경찰이 단속한다. 하지만 우리는 그렇지는 않다.

이재현의 『나는 삐끼다』(푸른미디어, 1998) 같은 책이 나올 정도로 '삐끼'라는 말은 현재 시민권을 얻고 있다. 또한 '삐끼'는 상점 앞에 서서 지나가는 사람을 끌어들여 물건을 사게 하고 주인에게서 수고비를 받는 '여리꾼'과는 다르다. 우리가 쓰는 '삐끼'는 발음이나 의미 등에서 일본어 'きゃくひき(客引き, kyakuhiki)'가 아니다. 이미 우리말 속에 자신의 자리를 차지하고 있는 귀화어라고 봐야 할 것 같다.

【삐끼】
(폭넓게 쓰이며 손님을 끌어들이는)호객꾼을 가리킴

사쿠라

【さくら(桜, sakura)】　　　　　　　　　『광사원』[148]

첫째, 벚나무

둘째, 말고기의 별칭. 빛깔이 벚꽃과 비슷하기 때문

셋째, 공짜로 본다는 뜻. 연극에서 배우에게 소리를 질러 응
원하도록 부탁받은 공짜 구경꾼

넷째, 노점상 등에서 업자와 짜고 손님인 척하여 다른 손님이
물건을 구매하도록 부추기는 자(바람잡이). 또는 첩자(스
파이)

---

148 https://dic.daum.net/KOJIEN(검색일: 2022.11.16.)

일본의 우에노 공원에 핀 벚꽃 곧 '사쿠라(さくら, 桜, sakura)'를 보기 전에는 벚꽃이 예쁘다는 것을 알지 못했다. 분홍색을 띤 벚꽃이 하늘을 가렸다. 하늘은 온통 분홍색으로 변했다. 하늘이 바다처럼 느껴졌다. 그리고 만개한 벚꽃 잎은 산들바람에 따라 하나둘씩 춤을 추며 땅에 떨어졌다. 활짝 핀 벚꽃도 아름다웠지만 미련 없이 지는 벚꽃은 더욱 아름다웠다. 피어 있는 시간이 그리 길지 않다는 점에서 벚꽃과 목련은 비슷한 데가 있지만 깨끗하고 산뜻하게 진다는 점에서 벚꽃과 목련은 비교되지 않는다고 생각한다.

우리는 '사쿠라'가 일본어이고, 그것이 벚꽃을 가리킨다는 것을 너무나 잘 알고 있다. 그런데 이와 같은 '사쿠라' 곧 벚꽃을 벚꽃이라고 하지 않고 꼭 '사쿠라(혹은 사꾸라. 이하 사쿠라로 통일)'라고 부를 때가 있다. 다음과 같은 경우다.

"A 정치인은 **'사쿠라'**야! 지조도 없이 이 정당에 갔다가 저 정당에 갔다가"
"제발 **'사쿠라'**처럼 굴지 마라!"

박숙희는 『우리말 속 일본말』에서 '사쿠라'에 대해 아래와 같이 설명하고 있다.

사꾸라는 본래 벚꽃이란 뜻이다. 그런데 이것이 우리나라에서 들어와서는 벚꽃이란 본래의 의미보다는 변절자, 사기꾼의 뜻으로 더 널리 쓰이고 있다. …… 즉 …… 정치 환경이 바뀜에

따라 종래의 자기조직을 이탈하는 양상이 많아지자 변절한 정
치인을 꼬집는 말로 쓰이던 것이, 오늘날에는 실력 없는 돌팔이
까지도 일컫는 범사회적인 은어로 쓰이고 있다.[149]

위 인용문에 따르면 우리는 일본어 '사쿠라'를 벚꽃, 변절자, 사기
꾼 등의 의미로 사용하고 있다는 것을 알 수 있다.

1995년 8월 12일자 『매일경제신문』은 '사쿠라'라는 말은 5 · 16
이후에 유행어가 됐다고 적고 있다.

> 60년대 들어 …… 5 · 16후에는 '체질개선' '세대교체' '구악
> 일소'라는 새로운 말들이 국민들의 귀에 못이 박히도록 되풀이
> 됐는데 당시 혁명공약에 나온 '민생고를 시급히 해결하고'의
> '민생고'는 요즘도 점심 등 식사의 대명사가 됐다. 金鍾泌씨의
> 외유로 '自意半 他意半'이란 말이 크게 퍼졌고 이 무렵 여당과
> 밀월을 즐기는 정객에 붙여지던 **'사꾸라'**라는 말도 정계유행어
> 로 한 시대를 풍미했다.[150]

그런데 2000년 2월 3일자 『미디어오늘』은 우리가 일제강점기에
이미 '사쿠라'라는 말을 쓰기 시작했다고 한다.

> 벚꽃의 일본어는 '사꾸라'. 그런데 외양과 달리 이 말을 조금

---

149 박숙희 『우리말 속 일본말』 한울림, 1996, p.80.
150 『매일경제신문』(1995.8.12.) 「광복 50년: 유행어로 본 세태풍속」

은 다르게 사용하는 풍조가 있다. 뭔가 꺼림칙한 인물, 야비한 인물, 뒤가 구린 인물 등을 '사꾸라'라고 부르는 것이 그것이다. 사꾸라는 일제시대 일본인 앞잡이들을 남몰래 부르는 '속어'였다고 한다. 그 말이 아직도 죽지 않고 살아있다가 때 아닌 새천년 벽두에 머릿속을 가득 채우는 것이다.[151]

우리는 '사쿠라'라는 말을 언제부터 사용하기 시작한 것일까? 또한 언제부터 '사쿠라'를 벚꽃과 더불어 변절자나 사기꾼의 의미로 쓰기 시작했을까? 정확한 시기를 확정 짓는 것은 쉽지 않을 것 같다. 여기서 중요한 것은 시기를 확정하는 것보다는 변절자나 사기꾼 등의 뜻으로 쓰이는 '사쿠라'라는 말이 우리의 정치 및 사회적 상황과 밀접하게 관련되어 있다는 것이다.

그렇다면 일본어 'さくら(桜, sakura)'는 어떤 의미로 쓰이고 있을까? 앞에서 이미 제시한 대로 'さくら(桜, sakura)'에는 벚나무뿐만이 아니라 바람잡이나 첩자(스파이)의 의미가 들어 있다. 따라서 우리가 쓰는 변절자나 사기꾼을 뜻하는 '사쿠라'의 의미가 일본어 'さくら(桜, sakura)'에서 유래했다고 볼 수 있다.

다만, 우리가 쓰는 '사쿠라'와 일본어 'さくら(桜, sakura)'의 의미를 비교해보면 약간 차이가 난다. 우리가 사기꾼으로 쓰는 '사쿠라'는 일본어 'さくら(桜, sakura)'의 바람잡이 혹은 첩자(스파이)와 의미상 겹치는 부분이 있다. 하지만 변절자의 뜻으로 사용하는 '사쿠라'는 일본어에는 없다. 이와 같은 변용은 앞에서 『미디어오늘』이 지적

---

151 『미디어오늘』(2000.2.3.) 「진해 '사꾸라'와 정치 '사꾸라'」

했듯이 일제강점기에 일제에 부역했던 조선인이 있었기 때문에 생겼을 가능성이 적지 않다. 일본어에서 유래한 '사쿠라'가 한국의 정치 상황과 맞물려 의미상 변용이 생겼다고 볼 수 있다.

그런데 일본어 'さくら(桜, sakura)'에는 독특한 이미지가 있다. 예컨대 오오누키 에미코는 『사쿠라가 지다 젊음도 지다: 미의식과 군국주의』에서 벚꽃을 의미하는 일본어 'さくら(桜, sakura)'의 단명함 곧 일시에 피었다가 확 지는 단명함은 일본인을 표상하는 애상으로, 무사도 정신으로, 그리고 군국주의 이데올로기와 결합하여 천황을 위해 산화하는 의미로 변해갔다고 지적한다.[152] 하지만 우리가 벚꽃의 뜻으로 쓰는 '사쿠라'에는 그런 이미지가 전혀 없다. 벚꽃을 가리키기는 하지만 일본어 'さくら(桜, sakura)'와 우리가 쓰는 '사쿠라'는 그 어감과 이미지에 다른 점이 있다는 것을 알아두면 좋겠다.

【사쿠라】

첫째, 벚나무, 벚꽃

둘째, 변절자. 특히 변절한 정치인

셋째, 사기꾼

넷째, 돌팔이

---

152 오오누키 에미코 저·이향철 역 『사쿠라가 지다 젊음도 지다: 미의식과 군국주의』 모멘토, 2004, pp.54-277.

제14절

소바

【そば(蕎麦, soba)】　　　　　　『뉴에이스 사전』[153]

첫째, <식물>메밀

둘째, 메밀국수

153　https://dic.daum.net/KUMSUNG_JK(검색일: 2020.10.7.)

2018년 7월 16일자 중앙일보의 <우리말 바루기>[154] 코너에 '메밀
국수와 소바'에 관한 글이 실려 있는데, 거기에 "소바 역시 메밀국수
또는 판메밀로 불러야 한다"[155]라는 언급이 나온다. '메밀소바'라고
도 불리는 '소바'를 메밀국수나 판메밀로 순화하여 부르자는 주장이
다. 그런데 그렇게 하기 위해서는 소바와 메밀국수가 같은 음식이어
야 하지 않을까? 과연 소바와 메밀국수는 동일한 면 음식일까?

일본에서 유학했을 때 가끔 소바(そば, soba)를 먹었다. 내가 주로
먹었던 소바는 '야키소바(やきそば, 焼き蕎麦, yakisoba)'였다. 야키
소바는 면에다가 돼지고기, 양배추, 숙주 등을 넣고 소스를 사용하
여 볶는 면 요리다. 일본에서는 짜장면을 먹을 수 없었기에 짜장면을
먹고 싶었을 때 야키소바를 먹곤 했다.[156] 앞에서 인용한 『뉴에이스
사전』에 소바를 메밀국수로 번역하고 있기에 야키소바의 면이 메밀
국수의 면과 같으리라 생각하기 쉬운데 그렇지 않다. 그래서 『뉴
에이스 사전』도 야키소바를 "찐 중국 국수를 고기·야채와 함께 기
름에 볶은 요리"[157]라고 풀이하고 있다.

야키소바 다음으로 즐겼던 것은 소바였다. 이것은 주로 여름에 먹
었는데 메밀을 차게 한 다음에 거기에 '쓰유(つゆ, 液, tuyu)'라는 장
국을 붓거나 혹은 장국에 메밀을 찍어서 먹는다. 그런 의미에서 이
것은 냉메밀국수에 가깝지만 일본의 장국 맛이 우리와 다르다는 점

---

154 '바루기'는 '바루다'에서 왔다. '바루다'는 비뚤어지지 않도록 곧게 하다를 뜻한다.
155 https://www.joongang.co.kr/article/22803387#home(검색일: 2020.10.7.)
156 '야키소바'에 사용하는 소스는 짜장면 소스와 같이 검정색을 띈다.
157 https://dic.daum.net/KUMSUNG_JK(검색일: 2020.10.7.)

은 주의할 필요가 있다. 또한 먹는 방식에서 소바와 냉메밀국수는 다르다. 그리고 문화코드의 측면에서도 소바와 냉메밀국수는 다르다. 즉, 소바를 먹을 때 고구마튀김이나 야채튀김 같은 '뎀뿌라(てんぷら, 天麩羅, tempura)'를 준비한다면 좀 더 시간과 공이 들기는 하지만 이런 '뎀뿌라'를 곁들지 않으면 소바는 '요리하기 싫거나 귀찮을 때 간편하게 먹을 수 있는 음식'[158]이 될 수 있다. 그러나 냉메밀국수에는 그런 의미가 없기 때문이다. 따라서 국어순화의 측면에서 소바를 메밀국수로 옮기는 것은 적절하지 않다고 생각한다. 소바는 소바이지 메밀국수 혹은 냉메밀국수가 아니기 때문이다. 덧붙여 차게 먹는 소바에도 '모리소바(もり蕎麦, morisoba)', '자루소바(ざる蕎麦, zarusoba)' 등이 있다.

소바에는 가케소바(かけそば, kakesoba)[159]라는 것도 있다. 『뉴에이스 사전』은 가케소바를 다음과 같이 정의하고 있다.[160]

かけそば(掛け蕎麦, kakesoba)
(장국에 만)메밀국수

『뉴에이스 사전』에는 소바도 메밀국수라고 나와 있고, 가케소바도 메밀국수라고 되어 있다. 상당히 적절하지 않은 해설이라고 생각한다. 일본어사전인 『광사원』에는 가케소바가 "뜨거운 국물을 조금

---

158 한국에서는 즉석(인스턴트) 라면이 이것에 해당할 것 같다.
159 '가께소바'라고도 표기할 수 있다.
160 https://dic.daum.net/KOJIEN(검색일: 2020.10.7.)

뿌렸을 뿐인 국수"[161]라고 나와 있다. 여기서 중요한 것은 '뜨거운 국물'이라는 풀이다. 왜냐하면 가케소바는 '뜨거운 국물'에 먹는 데 반해 소바는 보통 차갑게 해서 먹기 때문이다. 따라서 가케소바는 온메밀국수에 가깝다. 하지만 가케소바를 온메밀국수라고 번역해도 그 의미가 충분히 전달됐다고 보기 힘들다. 특히 일본에서 연말에 먹는 가케소바인 '도시코시소바(年越しそば, tosikosisoba)'에는 특별한 문화코드가 담겨 있기 때문이다. 여기에는 한 해를 마무리하면서 다가올 새해의 무병장수를 기원한다는 의미가 들어 있다.

'도시코시소바'를 소재로 한 유명한 작품이 있다. 우리에게 잘 알려진 『우동 한 그릇』이 그것이다. 이 작품은 최영혁이 구리 료헤이(栗良平, kuri ryouhei)의 『이빠이노가케소바(一杯のかけそば, ippai no kakesoba)』를 우리말로 옮긴 번역서다.[162] 이 번역서는 대단히 인기를 끌었다. 1989년에 출간된 이래 2000년 1월까지 51쇄나 찍었다. 2003년에는 개정판도 나왔는데, 그해 2월까지 71쇄나 찍었다. 그리고 『우동 한 그릇』의 인기는 연극으로도 이어져서 '김동수 컴퍼니'가 2003년에 연극 <우동 한 그릇>을 초연했다. 그런데 원서의 서명에 나오는 '가케소바'는 우동으로 번역되어 있다.

앞에서 인용한 『뉴에이스 사전』을 참조하면 가케소바는 메밀국수 혹은 국수로 번역할 수 있다고 생각한다. 그런데 최영혁은 뜬금없이 우동이라는 번역어를 골랐다. 오역일 수 있다. 하지만 대학에서 일본어를 전공했던 번역자가 사전도 찾아보지 않고 단순히 잘못

---

161 https://dic.daum.net/KOJIEN(검색일: 2020.10.7.)

162 구리 료헤이 저 · 최영혁 역 『우동 한 그릇』 파도, 1989, pp.1-127.

번역했다고는 보기 어렵다. 번역자 나름의 고민이 있었을 것이다.

번역학 용어에는 타국화 번역과 자국화 번역이 있다. 타국화 번역은 낯설게 번역하는 것이다. 따라서 번역서에 위화감이 많이 들어간다. 번역서를 읽으면 역시 번역서라는 느낌이 적지 않게 든다. 반면 자국화 번역은 익숙하게 번역하는 것이다. 번역서에 위화감이 적다. 번역서를 읽어도 번역서라는 느낌이 들지 않는다. 최영혁이 '소바'를 '우동(うどん, udon)'[163]으로 번역했다는 것은 그가 타국화 번역을 선호했다고 볼 수 있다. 일본음식이라는 것을 나타내기 위함이었다고 생각한다.

그런데 최영혁이 '소바' 관련 용어를 우동으로 옮기는 바람에 뜻하지 않은 오해가 발생했다. 김도언은 「각박한 세상, 우동 한 그릇의 따뜻함을 전하는 소설」에서

북해정은 우동을 파는 식당이다. 천지를 하얗게 덮은 눈은 특유의 서정적인 아우라를 불러일으킨다. 북해정에는 무뚝뚝한 듯 보이지만 마음씨 따뜻한 주인 내외가 있다. 일본은 매해 마지막 날 우동을 먹는 풍습이 있는데, 어느 해 마지막 날 어린 두 아들을 데리고 한 중년의 여인이 북해정에 나타난다[164]

고 말한다. 최영혁이 '소바' 관련 용어를 우동으로 번역했기에 일본

---

163 가락국수라고 옮길 수 있겠다.
164 김도언 「각박한 세상, 우동 한 그릇의 따뜻함을 전하는 소설」, 『출판저널』, 대한출판문화협회, 2003, p.134.

문화를 잘 모르는 김도언과 같은 독자는 일본의 연말 풍습에 우동을 먹는 것이 있다고 오해했다. 일본에서 외교관 생활을 했던 박용민도 『맛으로 본 일본』에서 다음과 같이 한탄한다.

> 이 소설이 우리나라에는 <우동 한 그릇>이라는 제목으로 번역이 되어 있기 때문에, 나는 한동안 일본에서는 섣달그믐날 우동을 먹는 줄 잘못 알고 지냈다. 나 참, 마치 떡국을 수제비로 소개한 꼴이 아닌가.[165]

누군가가 번역서를 통해 얻은 외국의 풍습과 문물에 대해 말할 때, 우리는 그 사람에게 우스갯소리로 "잘 된 번역서 읽은 거야?"라고 묻곤 한다. 이 질문이 안타깝게도 『우동 한 그릇』에 적용될지도 모르겠다.

지금까지의 검토해본 내용을 정리하면 다음과 같다.

첫째, 소바에는 차게 먹는 소바인 모리소바와 자루소바 등이 있고, 따뜻하게 먹는 소바인 가케소바가 있다. 특히 연말에 먹는 가케소바는 도시코시소바라고 하여 달리 부른다.

둘째, 일본어 소바를 메밀국수로 옮기는 것은 충분하지 않다. 소바를 먹을 때는 쓰유라는 장국을 사용하기 때문에 그렇지 않은 메밀국수와는 다르다. 또한 소바에는 '요리하기 싫거나 귀찮을 때 간편하게 먹을 수 있는 음식'이라는 문화코드가 담겨 있기 때문이다. 반면에 우리 음식인 메밀국수에는 건강식이라는 문화코드가 강하게

---

165 박용민 『맛으로 본 일본』 헤이북스, 2014, p.258.

들어 있다.[166]

셋째, 가케소바를 메밀국수로 번역하는 것도 불충분하다. 가케소바는 따뜻하게 먹기 때문이다. 또한 연말에 먹는 가케소바인 '도시코시소바'에는 한 해를 마무리하면서 무병장수를 바라는 문화코드가 포함되어 있기 때문이다.

김용석은 2022년 10월 12일자 한겨레신문에서 「파스타: 다양성이 중요하다, 음식도 삶도」에서 파스타를 '이탈리아식 국수'라고 번역하기도 하지만 파스타는 국수로 환원될 수 없다고 강조한다. 파스타가 '이탈리아식 국수'가 아니듯이 소바도 '일본식 메밀국수'가 아니라고 생각한다. 외래어로서 그냥 소바라고 불러야 하지 않을까?[167]

【소바】

소바. 소바에는 모리소바, 자루소바 등 먹는 방식과 시기에 따라 다양한 별칭이 있음. 우리의 메밀국수와 비슷하다

---

166 물론 일본에도 그런 이미지가 없는 것은 아니지만 우리가 더 강하다.

167 이 글은 박상현·미네자키 도모코 「'가케소바'의 번역어 연구－타국화 번역과 자국화 번역」(『일본문화연구』 동아시아일본학회, 2017. pp.117-135)을 본 저서의 취지에 맞추어 수정하여 재수록했음을 밝힌다.

시다

【した(下, sita)】 　　　　　　　　　　　　『광사원』[168]

첫째, 아래쪽

둘째, 지위·격식·능력 등이 낮은 것. 혹은 그와 같은 위치·
　　사람

셋째, 나이가 적은 것

168　https://dic.daum.net/KOJIEN(검색일: 2022.11.3.)

어렸을 때 봉제 공장이나 제조업체 등을 지날 때 '시다 구함'이라는 광고 문구를 자주 봤다. '시다'라는 말은 지금도 여전히 쓰이고 있는데, 당시 나는 '시다'가 무슨 뜻인지 정확히 알 수 없었다. 하지만 문맥상 일할 사람을 구한다고 어림으로 짐작했다. 지금도 '시다 구함'이라는 광고 문구를 볼 때마다 '시다'라는 말을 처음 봤을 때의 당시를 회상하곤 한다. 그리고 당시의 질문을 떠올려본다.

"'시다'는 어떤 일을 하는 사람일까?"

다음(daum) 한국어사전에는 '시다'의 용례[169]로 다음과 같은 것이 수록되어 있다.

재봉틀 **시다**가 되다

순이는 시골에서 올라와 봉제 공장 **시다**로 일하고 있다

위 인용문에 잘 나와 있듯이 '시다'는 주로 봉제 공장 같은 의류 하청업계에서 일하는 단순 보조 노동자라는 것을 알 수 있다. 곧 보조원이었다.

'시다'를 시어(詩語)로 유독 많이 쓴 시인에 박노해가 있다. 그는 '시다'를 다음과 같이 쓰고 있다.

<가리봉 시장>

......

---

169 https://dic.daum.net/word/view.do?wordid=kkw000156067&supid=kku0001
97265(검색일: 2020.9.8.)

하루 14시간

손발이 퉁퉁 붓도록

유명브랜드 비싼 옷을 만들어도

고급오디오 조립을 해도

우리 몫은 없어,

우리 손으로 만들고도 엄두도 못내

......

앞판 **시다** 명지는 이번 월급 타면

켄터키치킨 한 접시 먹으면 소원이 없겠다 하고

마무리 때리는 정이는 2,800원짜리

이쁜 샌달 하나 보아둔 게 있다며

잔업 없는 날 시장가자고 손을 꼽니다

......170

위 시(詩)에서 시인은 자신이 만든 물건을 자신이 구입할 수 없는 곧 생산물에서 소외된 '시다' 명지와 정이를 그리고 있다. 동시에 켄터키치킨 한 접시 먹는 것과 예쁜 샌들 하나 사는 것이 그들의 꿈이라고 노래한다. 이것으로 시인은 '시다'가 당시 어떤 근무 조건에 놓여 있는가를 우리에게 잘 보여주고 있다.

하지만 '시다'가 꿈꾸는 꿈은 소비만이 아니었다. 조금 더 나은 조건에서 전문가로서 근무하고 싶었던 것도 그들의 꿈이었다. 이를 박

---

170   박노해『노동의 새벽』풀빛, 1984, pp.43-44. 원문 그대로.

노해 시인은 <시다의 꿈>에서 아래와 같이 노래한다.

<시다의 꿈>
긴 공장의 밤
시린 어깨 위로
피로가 한파처럼 몰려온다

드르륵 득득
미싱을 타고, 꿈결 같은 미싱을 타고
두 알의 타이밍으로 철야를 버티는
시다의 언 손으로
장미빛 꿈을 잘라
이룰 수 없는 헛된 꿈을 싹뚝 잘라
피 흐르는 가죽본을 미싱대에 올린다
끝도 없이 올린다

아직은 **시다**
미싱대에 오르고 싶다
미싱을 타고
장군처럼 당당한 얼굴로 미싱을 타고
언 뭉뚱아리 감싸 줄
따스한 옷을 만들고 싶다
찢겨진 살림을 깁고 싶다

떨려 오는 온몸을 소름치며

가위질 망치질로 다짐질하는

아직은 **시다**,

미싱을 타고 미싱을 타고

갈라진 세상 모오든 것들을

하나로 연결하고 싶은

시다의 꿈으로

찬 바람 치는 공단거리를

허청이며 내달리는

왜소한 **시다**의 몸짓

파리한 이마 위로

새벽별 빛나다[171]

여기서 '시다'의 꿈은 미싱대에 오르는 것이라고 한다. 재봉사 같은 전문가가 되고 싶다고 노래한다.

'시다'('시따'라고도 했는데)는 언제부터 사용됐을까? 정확한 시기를 확정하는 것은 쉽지 않지만 지금도 널리 쓰이고 있다는 점에서 이 용어를 쓰기 시작한 것은 상당히 오래됐다고 추정된다. 예를 들어 1974년 9월 3일자 『조선일보』 「독자게시판」의 '모집'에는 '미싱시다'를 구한다는 다음과 같은 광고가 보인다.

▶ 미싱시다 보조(여 30)=16~21세 국졸 월 1만원, 10일까지.[172]

---

171 박노해 『노동의 새벽』 풀빛, 1984, pp.75-76.

또한 1981년 8월 11일자 『경향신문』에는 「日本 그림자」라는 기획 기사가 연재되고 있었는데 거기에는 아래와 같은 내용이 실려 있다.

> ▶ 미장원=우찌마끼(안감기) 소또마끼(밖감기) 지라시(흩뜨림) 고뗴도리(인두시중) 고뗴아이론(머리인두) 후까시(부풀림) **시따(보조원)** 시아게(끝손질)[173]

위의 인용문을 살펴보면 '시다' 혹은 '시따'가 봉제 공장뿐만이 아니라 미장원 같은 곳에서도 쓰였다는 것을 알 수 있다. '시다' 혹은 '시따'는 보조원의 의미로 우리 사회에서 폭넓게 쓰였다는 것을 엿볼 수 있다.

그럼 '시다' 또는 '시따'는 어디에서 왔을까? '시다'라는 말이 혹시 일본어가 아닐까 하고 생각하게 된 것은 일본어를 배우면서부터였다. '아래 하(下)'라는 한자를 일본어로 'した(sita)'로 읽을 수 있기 때문이고, 이 'した(sita)'를 '시다'나 '시따'로 표기했을 가능성이 있기 때문이다.

이런 생각을 하던 중 '시다바리'라는 말이 연상되었다. 영화 <친구>에서도 나오듯이 '내가 니 시다바리가'라는 표현이 우리의 일상생활에서 널리 쓰이고 있기 때문이다. 이때 '시다바리'는 부하의 의

---

172 『조선일보』(1974.9.3.) 「독자게시판」
173 『경향신문』(1981.8.11.) 「日本 그림자」

미를 나타낸다. 다시 말하면 일본어 'したばり(sitabari)'가 '시다바리'로 변한 후, 이 말이 다시 '시다'로 줄어든 것이 아닌가 하는 추정이다. 일본어 'したばり(sitabari)'는 '下張り(sitabari)'라고 표기할 수 있는데, 그 뜻은 초배(初褙)다.[174] 곧 본격적으로 벽지 등을 바르기 전에 붙이는 종이나 천 등을 가리킨다. 얼추 '시다'와 의미가 통하는 것 같다. 하지만 엄격하게 말하면 일본어 'したばり(sitabari)'에는 보조원 같은 남 밑에 일하는 사람이라는 의미는 없다. 오히려 '시다바리'는 '초배' 혹은 '초벌'을 의미하는 미술 용어로 사용되었다. 1992년 5월 27일자 『동아일보』에 따르면 미술계에서 '시다바리'를 '초벌배접'으로 순화했다는 기사가 나온다.[175] '시다바리'는 전문용어였다는 말이다. 따라서 '시다'의 어원이 일본어 'したばり(sitabari)'였을 가능성은 적어 보인다. 『아사히신문』 기자였던 나라카와 아야도 2020년 7월 11일자 『중앙선테이』에서 일본어의 '시다바리' 혹은 '시타바리'에 부하라는 의미는 없다고 말한다.[176]

그렇다면 우리가 보조원의 의미로 사용하는 '시다' 혹은 '시따'는 어디에서 유래했을까? 앞에서 예시한 일본어사전인 『광사원』에 따르면 일본어 'した(下, sita)'에는 '지위·격식·능력 등이 낮은 것. 혹은 그와 같은 위치·사람'을 나타내는 의미가 있다. 정확하게 보조원이라는 의미는 없지만 지위나 능력이 낮다라는 의미가 '보조원'으로 쓰였을 가능성은 충분히 있다고 생각한다. 따라서 '시다'가 일

---

174 https://www.weblio.jp/(검색일: 2022.9.7.)

175 『동아일보』(1992.5.27.) 「미술 용어를 쉬운 우리말로」

176 『중앙선테이』(2020.7.11.) 「노가다·시다바리·야마……새삼 알게 된 '조선어 말살' 흔적들」

본어 'した(下, sita)'에서 왔을 가능성이 충분하다. 또한 '시탓빠' 곧 일본어 'したっぱ(下っ端, sitappa)'에는 '지위가 낮은 사람을 깔볼 때 쓰는 말'이라는 의미가 있다. 우리가 사용하는 '시다'가 일본어 'した(sita)' 혹은 'したっぱ(sitappa)'에서 왔는지 확정하기 어렵지만 '시다'가 일본어에서 유래했다는 것은 확실하다고 생각한다.

2020년 10월 28일자『한겨레신문』은 「그 후 50년－여기 다시 전태일들」이라는 기획 기사를 썼다. 여기에는 1970년대의 서울 평화 시장 봉제 공장 모습이 엿보인다. 그리고 그 노동현장을 '시다'라는 키워드가 잘 설명하고 있다.[177] 일본어에서 왔다고 추정되는 '시다'라는 말을 순화하여 앞으로 '보조원'으로 올바로 고쳐 써야 하겠지만 그 순간 '시다'에 담겨 있는 시대상과 '시다'들의 고단함이 잘 전달되기 어려울 수 있다. '시다'라는 말은 이미 시대상을 담은 우리의 일상어가 됐다고 생각한다.

【시다】
첫째, 시다
둘째, (폭넓게 사용되어)단순 보조 노동자. 보조원

---

177 『한겨레신문』(2020.10.28.) 「그 후 50년－여기 다시 전태일들」

시야시

【ひやし(冷し, hiyasi)】 　　　　　　　　　　『광사원』[178]

차게 함. 또는 그런 것

어렸을 적 일이다. 아버지는 나에게 "슈퍼에 가서 시야시 잘 된 맥주 한 병 사 와라"라고 심부름시켰다. 그러면 나는 곧장 슈퍼에 가서 가게 주인에게 "시야시 잘 된 맥주 한 병 주세요"라고 말했고, 가게 주인은 '시야시' 잘 된 맥주 한 병을 주었다. 시야시 잘 된 맥주를 받아서 든 나는 아버지에게 맥주를 건네면서 "시야시 잘 된 맥주예요"라고 말했고, 아버지는 시야시 잘 된 맥주를 드시면서 "역시 맥주는 시야시 잘 된 맥주가 최고야"라고 말씀하시면서 맥주를 드셨다. 이런 심부름은 그 대상이 어떤 때는 소주가 되었고, 어떤 때는 사이다가 되었다. 그리고 또 어떤 때는 콜라가 되었다.

어느 날이었다. 아버지는 또 시야시 잘 된 맥주 심부름을 시키셨는데,

"시야시라는 말이 무슨 뜻이에요?"

라고 아버지에게 물어보았다.

"시야시란 차갑다는 의미야"

라는 답변이 돌아왔다.

그날 이후 내 머릿속 어휘 노트에는 '시야시=차갑다'가 자리잡았다. 하지만 사용 빈도는 아버지만큼 많지 않았다. 알고는 있지만 쓰지는 않는 어휘에 불과했다.

한동안 잊혔던 '시야시'라는 단어가 불현듯 뇌리를 스친 것은 대학 진학 이후였다. 전공이 일본어교육이었기에 일본어를 배우는 시간이 많았다. 어느 날이었다. '시야시'라는 말이 혹시 일본어가 아닐까?' 하는 생각이 들었다. 일본어사전에서 '시야시(しやし, siyasi)'를 찾아봤다. 시야시라는 말은 없었다. 그런데 '히야시(ひやし, hiyasi)'라는 말은 있었다. '히야시'는 '히야스(ひやす, hiyasu)'라는 동사에서 나

온 명사였다. '히야스'는 보통 '冷やす'라고 표기하는데, '차게 하다' 또는 '식히다'라는 의미였다. '시야시'의 정체를 알게 된 순간이었다.

'시야시'는 일본어 '히야시'에서 온 말이다. 그런데 우리의 실제 언어생활에서는 '히야시'의 '히(hi)'가 '시(si)'로 음운이 변화됐다.[179] 또한 '시아시'라고도 발음하기도 했다. 한편 '히야시'로 일본어 발음 대로 쓰이기도 했다.

일본어 '히야시'를 '시야시'로 발음하는 현상은 예컨대 당구 용어 에서 사용하는 '히끼'를 '시끼'라고 부르는 데서도 확인할 수 있다.[180] 여하튼 1982년에 발표된 최일남의 단편소설 <고향에 갔더란다>에 는 '히야시' 된 맥주라는 표현이 등장한다.[181]

박숙희는 『우리말 속 일본말』에서 '히야시'에 대해

> 어떤 물건을 '차게 한다'는 뜻의 히야시는 광복 후 지금까지 널리 쓰이고 있는 말이다. 주로 술이나 음료수 같은 것을 차게 만드는 것을 표현할 때 즐겨 쓰며, '히야시'라는 본래 발음 대신에 '시야시' 라고 쓰는 경우가 더 많다. 지금은 장년층에서만 주로 쓰고 있다.[182]

고 말한다.

그런데 '차갑다'라는 의미의 '시야시'는 1990년대까지 쓰이다가

---

179 막노동꾼을 의미하는 '노가다(nogada)'는 일본어 '도카타(どかた, dokata)'에서 온 말이다. '도(do)'가 '노(no)'로 바뀌는 음운 변화가 보인다.
180 홍근 『재미로 읽어보는 우리말 속의 일본어』 북랩, 2019, p.296.
181 『동아일보』(1982.2.22.) <고향에 갔더란다>
182 박숙희 『우리말 속 일본말』 한울림, 1996, p.138.

현재는 거의 사어가 되었다고 볼 수 있다. 하지만 2006년에 상영된 영화 <타짜>에서 고니 역할을 맡은 조승우가 "맥주가 시야시가 안 되 가지고"라고 말하는 것을 보면 시아시가 우리의 일상어에서 완전히 사라진 것은 아닌 것 같다.

그럼 '시야시'나 '시아시' 혹은 '히야시'라는 말은 언제부터 사용 됐을까? 정확히 알기는 어렵지만 주로 광복 이후 국어순화의 움직임 속에서 이 용어는 단골로 등장했다. 예컨대 1959년 12월 4일자 『조선일보』에 실린 「언어정화와 '멕시코'」라는 기사에는 "그래서 '히야시 비루 한잔'이 三個國語가 되기도"[183]라고 나온다. 여기서 '비루'는 일본어 'ビール(biiru)'의 우리말 표기로 맥주를 가리킨다.

좀 전에 언급했던 개인적인 일화와 박숙희의 언급에서도 알 수 있 듯이 우리가 쓰는 '히야시' 혹은 '시야시'는 주로 차게 한 맥주나 사 이다와 같은 음료수에 한정적으로 쓰였다고 볼 수 있다.

그렇다면 일본어 '히야시(ひやし, hiyasi)'의 쓰임은 어떨까? 전형 적인 용례는 다음과 같다.

A. 冷(ひ)やしビール[184]: 차게 한(시원한) 맥주
B. 冷(ひ)やし中華(ちゅうか): 일본식 냉(冷)라면
   冷(ひ)やしラーメン: 냉라면
   冷(ひ)やしうどん: 냉우동

183 『조선일보』(1959.12.4.) 「언어정화와 '멕시코'」
184 일본어 문장의 로마자 표기는 생략. 이하 같음.

A에 보이는 예문은 우리가 쓰는 '히야시' 혹은 '시야시'의 용례와 동일하다. 하지만 우리는 B와 같이 면류 음식에 '히야시' 혹은 '시야시'라는 말을 쓰지 않는다. 반면에 일본에서는 차게 한 면류에 쓰이는 '히야시(ひやし, hiyasi)'가 대단히 많다.

결국 우리가 예전에 자주 썼던 '히야시' 혹은 '시야시'라는 말은 일본어 '히야시(ひやし, hiyasi)'에서 유래한 말이었다. 그러나 그 쓰임은 일본어보다 제한적으로 쓰였다고 볼 수 있다. '히야시' 혹은 '시야시'라는 말은 냉장고가 대중화되기 전[185]에 차게 한 맥주를 특별히 지칭하는 말로 쓰였다고 추정된다. 요즘처럼 찬 맥주가 당연시된 사회에서 굳이 찬 맥주를 가리키는 '히야시' 혹은 '시야시'라는 말은 사라지는 것이 당연한 것이 아닐까?

아버지는 1947년생이다. 광복 후 세대다. 그런데도 맥주는 찬 맥주가 아니라 '시야시'가 잘 된 맥주라는 표현을 사용하셨다. 이번 주말에는 오랜만에 부모님 댁에 가볼 생각이다. 그리고 동네 슈퍼에 들러 냉장고에서 막 꺼낸 맥주를 사서 아버지에게 한 잔 따라드리고 싶다. 그때 어떤 말씀을 하실까? "맥주는 역시 찬 맥주야"라고 하실까, 그렇지 않으면 "맥주는 역시 '시야시'가 잘 된 맥주야"라고 하실까?

【시야시】
차게 함

---

185 그때는 '아이스박스'가 냉장고를 대신했다. '아이스박스'는 대형 스티로폼 박스라고 말할 수 있는데 여기에 얼음을 넣고 맥주나 사이다 등을 넣어서 음료수를 차게 했다.

쓰나미

○

【つなみ(津波, tsunami)】 『광사원』[186]

지진에 의한 해저 함몰이나 융기, 바닷속으로의 토사 붕괴,

해저 화산의 분화 등이 원인으로 발생하는 해수면의 파동.

해안 부근에서 해수면이 높아지고 포구 등에서 커다란 재

해를 일으킨다

---

186 https://dic.daum.net/KOJIEN(검색일: 2022.11.17.)

태어나서 지진을 처음 경험한 것은 일본 유학 초기였다. 당시 9층에서 살고 있었다. 자다가 뭔가 흔들린다는 느낌이 들어서 잠에서 깼다. 지진이었다. '이런 것이 지진이구나!' 하고 생각했다. 흥미로웠다. 하지만 이런 호기심 어린 느낌은 오래 가지 않았다. 지진을 많이 경험하면 경험할수록 무섭다고 느끼기 시작했다. 일본어에 아버지, 화재, 천둥·번개와 더불어 지진이 무섭다는 표현이 있다. 왜 여기에 지진이 들어가는지 잘 알 수 있었다.

지진이 진짜로 무섭다는 것을 절감하게 된 것은 2011년 3월 11일에 발생한 대지진인 '동일본대지진'을 통해서다. 한국인도 이때 지진의 무서움을 온몸으로 느꼈을 것이다. 이 지진이 특히 무서웠던 것은 지진으로 발생한 '쓰나미'가 해안가와 그 주변을 덮쳤고, 원자력발전소까지 파괴했기 때문이다. 또한 그 실상이 마치 영화처럼 선명하게 동영상으로 공개됐던 것은 큰 충격이었다. 그리고 이 동일본대지진 이후 '쓰나미' 혹은 이것의 번역어인 '지진해일'이라는 말이 우리의 일상 언어로 자리잡게 됐다.

앞에서 예시한 일본어사전에는 'つなみ(津波, tsunami)'에 대해 지진에 의한 해저 함몰이나 융기, 바닷속으로의 토사 붕괴, 해저 화산의 분화 등이 원인으로 발생하는 해수면의 파동으로 해안 부근에서 해수면이 높아지고 포구 등에서 커다란 재해를 일으킨다고 나와 있다.

일본어 'つなみ(津波, tsunami)'를 우리말로 해소(解嘯), 해일(海溢), 포구로 밀려오는 파도, 지진해일로 번역할 수 있고[187], 넘치는

---

187 김한배『우리말을 좀먹는 우리말 속의 일본말』동언미디어, 2006, p.195.

파도로도 옮길 수 있다.[188] 하지만 세계적으로는 'tsunami'라는 표기가 일반적이다. 한국에서는 '쓰나미'와 지진해일이라는 표기가 가장 많이 쓰이고 있다.

그렇다면 우리는 '쓰나미'라는 말을 어떻게 사용하고 있을까? 2020년 11월 1일자 『연합뉴스 TV』 기사를 인용해보자.

현지시간 30일 터키 서부 해안과 그리스 사모스섬 사이 에게해에 규모 7.0의 지진이 강타했는데요. 이로 인해 건물이 무너지고 **쓰나미**가 닥치면서 피해 규모가 계속 커지고 있습니다. 현재까지 최소 39명이 숨지고 800여명이 다친 것으로 집계됩니다.[189]

위 인용문에 보이는 '쓰나미'는 앞에서 살펴본 일본어사전에 나오는 'つなみ(津波, tsunami)'의 의미와 같다.

그런데 우리는 자연재해를 일으키는 '쓰나미'를 비유적으로 쓰는 경우가 더 많다. 2020년 11월 19일자 『파이낸셜뉴스』는 「코로나發 글로벌 '부채 쓰나미'」라는 제목으로 아래와 같은 기사를 실었다.

코로나19로 인해 각국 정부와 기업들의 부채가 급증하고 있다. …… 18일(현지시간) 파이낸셜타임스(FT)는 국제금융협회(IIF) 자료를 인용해 올 들어 9월까지 전 세계 총부채는 15조 달

---

188   홍근 『재미로 읽어 보는 우리말 속의 일본어』 북랩, 2019, p.194.
189   『연합뉴스 TV』(2020.11.1.) 「터키·그리스 강진에 쓰나미까지…'사망자 39명'」

러 폭증했다고 이같이 보도했다. 이전 부채까지 더한 올해 전체 누적 총부채 규모는 277조 달러를 넘어설 것으로 예상됐다. 이에 따라 전 세계 GDP 대비 부채 비중은 지난해 말 320%에서 올해 365%로 치솟을 것으로 전망됐다. 전 세계 주요 은행들의 모임인 IIF는 전세계가 코로나19 위험에 직면해 '**부채 쓰나미**'를 맞고 있다고 묘사했다. IIF는 보고서에서 급격한 부채 증가로 인해 전세계는 앞으로 경제활동에 심각한 부정적 영향을 미치지 않으면서 부채를 줄여나가야 하는 어려운 숙제를 안게 됐다고 지적했다.[190]

2020년 11월 16일자 『아트인사이트』는 홍광호의 작품을 소개하면서 '감동의 쓰나미'라는 표현을 쓰고 있다.

내 인생의 뮤즈를 뽑자면 단언컨대 '홍광호'라 볼 수 있다. …… 그(홍광호. 인용자)의 작품 중 최고로 뽑히는 건 <지킬 앤 하이드>다. 2019년 작에서 그의 지킬과 하이드를 만났는데, 그 때의 기억은 잊을 수가 없다. 압도적인 노래 실력뿐만 아니라 이중인격을 표현하는 소름 끼치는 연기에 완전히 매료되고 말았다. 환희가 일었다. 그는 친절하고 자상한 박사였다가 치명적이고 위험한 살인자로 변신하며 환상적인 노래를 선보였다. 가사 하나하나마다 다른 감성과 발성을 담아낸 그의 노래에 녹고 말았다. 밀려오는 전율에 **감동의 쓰나미**가 떠나갈 줄을 몰

---

190 『파이낸셜뉴스』(2020.11.19.) 「코로나發 글로벌 '부채 쓰나미'」

랐다.[191]

유수진은 재테크 관련 도서인 『부자언니 부자연습』에서

　　그렇게 밥 먹고 차 마시고 수다 떨고 난 후 이 닦고 다시 책상
에 앉았을 때는 한 시 반. 그런데 봄이 되니 식곤증이 **쓰나미처
럼** 밀려온다.[192]

와 같이 '쓰나미'를 표현한다.

　결국 우리가 사용하는 '쓰나미'의 용법에는 자연재해를 일으키는
'쓰나미'도 있지만 그와 동시에 비유적 표현인 '쓰나미'도 있다. 아
니 오히려 비유적 표현의 '쓰나미'를 더 많이 쓴다고 말할 수 있을 정
도다.

　그렇다면 우리는 이런 비유적 표현의 '쓰나미' 곧 큰 움직임이나
움직임의 원인을 비유적으로 이르는 '쓰나미'를 언제부터 사용했을
까? 1960년대부터 이미 비유적 표현의 '쓰나미'가 사용됐다. 예컨대
1961년 1월 10일자 『조선일보』에는 「신춘문예 당선 소감」이라는
글이 실렸는데 거기에서 김문숙은 다음과 같이 소감을 밝히고 있다.

　　버릇없는 '고집장이'를 理解해주시는 아버지와엄마 …… 故
鄕의親舊와 先輩 그리고여러 先生님들 …… 審査委員 先生

191　『아트인사이트』(2020.11.16.) 「뮤지컬 <빨래> 후기」
192　유수진 『부자언니 부자연습』 세종서적, 2017, p.35

님들과 社의 여러분 그리고 禮누나 '쓰나미'처럼 밀려닥치는
이런얼굴들속에서 ⋯⋯[193]

위 인용문에서 알 수 있듯이 신춘문예 당선자인 김문숙은 당선 소
감을 밝히면서 떠오르는 그리운 얼굴을 표현하면서 '쓰나미'라는 표
현을 쓰고 있다.

그렇다면 자연재해를 일으키는 'つなみ(津波, tsunami)'를 우리
가 비유적 표현으로 사용하는 것을 어떻게 봐야 할까? 이윤옥은 『오
염된 국어사전』에서

쓰나미는 지진해일 말고도 지금 한국 사회에서 이상한(?) 쓰
임새로 그 외연을 확대 중이다. ⋯⋯ **달러 쓰나미** ⋯⋯ **'쓰나미'**
맞은 한국가요계 ⋯⋯ **'불황 쓰나미'** 등을 보면 이제 쓰나미는
아주 일반화된 것만 같다. 그렇지만 문제없는 말인지 곱씹어볼
일이다.[194]

라고 지적하면서 부정적으로 평가한다. 그러나 꼭 그렇게 봐야 할까?

우리는 일본에 대한 사대주의로 'つなみ(津波, tsunami)'를 사용
하는 것이 아니다. 지진해일로는 담기 어려운 의미가 있기에 국제적
으로 쓰이는 용어인 'tsunami'를 '쓰나미'로 표기하고 있고, 더 나아
가서 새로운 표현을 쓰고자 하는 욕구가 있기에 '쓰나미'를 비유적

---

193 『조선일보』(1961.1.10.) 「신춘문예당선소감」
194 이윤옥 『오염된 국어사전』 인물과사상사, 2013, p.73.

으로도 사용하고 있는 것이다. '쓰나미'에는 우리말 표현을 다양하게 그리고 풍부하게 하는 효과도 있다고 봐야 하지 않을까?

【쓰나미】

첫째, 지진해일

둘째, (비유적으로)큰 움직임이나 움직임의 원인을 가리킴

앗싸리

【あっさり(assari)】 　　　　　　　　　　『광사원』[195]

첫째, 뒤끝 없는 산뜻하고 담백한 모양

둘째, (어떤 일이)간단히, 쉽게

195　新村出 編『広辞苑』岩波書店, 1998, p.57.

어렸을 때부터 '앗싸리'라는 말을 자주 사용했고, 주위에서 이 말을 쓰는 것도 자주 들었다. 예컨대 "질질 끌지 말고 앗싸리 포기해" 혹은 "야, 이 국물 맛은 앗싸리 해서 좋은데"처럼 말이다. 그리고 이 '앗싸리'라는 말은 일본어를 몰랐을 때부터 일본어라고 믿어 의심하지 않았다.

박숙희도 『우리말 속 일본말』에서 남녀노소 구분 없이 잘 사용하는 일본어로 '앗싸리'를 예시하고 있다. 그러면서 다음과 같이 말한다.

> ('앗싸리'는. 인용자) 우리 주변에서 쉽게 들을 수 있는 말이다. 남녀노소 할 것 없이 누구나 쉽게 즐겨 쓰는 말인데, 그 어감이 단칼에 베어지는 일본도의 자극적인 맛을 갖고 있기 때문이 아닌가 한다. 상황에 따라 얼마든지 달리 해석될 수 있는 말이므로 우리말로 '산뜻하게' '담백하게' '시원하게' '깨끗하게' '간단하게' 따위로 바꿔 쓰면 되겠다.[196]

요컨대 '앗싸리(혹은 앗사리)'는 일본어이니까 이 어휘를 쓰지 말고 문맥에 따라서 '산뜻하게' '담백하게' '시원하게' '깨끗하게' '간단하게'로 바꾸어 표현하자는 것이다.[197]

'앗싸리'라는 말이 우리의 일상생활에서 자주 사용되다 보니 문학

---

196 박숙희 『우리말 속 일본말』 한울림, 1996, p.105.

197 덧붙여 "사람이 앗사리 하지 못하게 왜 그래?"라고 '앗싸리(혹은 앗사리) 뒤에 부정이 따르면 '뒤끝이 있다'라는 의미를 나타낸다.
홍근 『재미로 읽어 보는 우리말 속의 일본어』 북랩, 2019, p.217.

가와 지식인의 작품에서도 이 어휘를 심심찮게 발견할 수 있다. 조정래는 <한강>이라는 대하소설을 『한겨레신문』에 연재했었는데, 1999년 1월 8일자에는 다음과 같은 문장이 나온다. 좀 길기에 군데군데 생략하면서 인용한다.

> "우리 같은 것들 싹쓸이하기 전에 때려잡을 놈들이 따로 있다구. 거 남대문 동대문시장에 허천나게 많은 군복이나 군화는 누가 다 해먹은 거고, 타이어와 휘발유는 어떤 놈이 다 빼먹은 거야. 그뿐이야, …… 크게 해먹은 놈들은 다 떵떵거리고 살고 우리 같은 하발이 인생들이나 잡아다 족치고, 좆이나 이 나라 잘 되나 봐라."
> "옳소, 국회로 보냅시다."
> "말이야 한 번 **앗싸리 하게**(시원하게) 한다만, 그 주둥이가 매타작깨나 당하게 생겼다."
> 와아 웃음이 터졌다.[198]

이 인용문에서 조정래는 '시원하게'라고 써도 좋은 부분을 '앗싸리 하게'라고 적고 '시원하게'를 병기하고 있다. 위 문장과 같은 분위기에서 당대 사람들이 썼던 언어 습관을 제대로 반영하기 위해 그는 '앗싸리 하게'라는 말을 굳이 적고, 그것이 '시원하게'를 뜻한다고 알려주었던 것이다.

또한 이어령은『흙 속에 저 바람 속에』에서 한국과 일본의 문화를

---

198 한겨레신문(1999.1.8.) <한강>(조정래 대하소설 202)

비교할 때 '앗싸리'라는 표현을 쓰고 있다. 어떤 일본 문필가가 한국인의 싸움을 군자의 싸움이라고 나타냈다고 한다. 한국인은 싸움할 때 완력이나 무기를 쓰지 않고 주로 입으로만 자신의 정당성을 주장하기 때문이라고 한다. 이런 구론(口論)은 어쩌면 유교 문화의 흔적일지 모른다. 여하튼 이어령은 일본인 문필가의 지적을 받아들이면서 논쟁을 주로 하는 우리의 싸움이 고양이 싸움이라면 사무라이같이 피를 흘리는 일본인의 싸움은 닭싸움이라고 명명한다. 그러면서 일본인의 싸움을 '앗싸리'라는 표현을 쓰면서 다음과 같이 설명한다.

구경꾼은 안중에도 없다. 아니 구경꾼이 모여들었을 때는 벌써 싸움이 끝나 있다. 가을 소나기처럼 금시 햇볕이 쨍쨍하다. '마잇타(降伏)!' 진 놈은 진 놈대로 이긴 놈은 이긴 놈대로 뒤끝이 **산뜻하다**. 그들은 그것을 두고 '**앗싸리**'하다고 한다.[199]

'앗싸리'의 문맥을 보면 여기서 이어령은 '앗싸리'의 의미를 '산뜻하다' 혹은 '깨끗하게'로 파악하고 있다는 것을 알 수 있다. 그리고 이어령은 '앗싸리'라는 말로 일본인의 정신세계를 나타낸다. 이어령이 사용한 '앗싸리'와 앞서 살펴본 조정래가 쓴 '앗싸리'는 한국어 표현에 약간 차이는 있지만 결국 같은 의미라고 볼 수 있다. 시원시원하고 뒤끝이 없다는 뉘앙스를 나타내기 때문이다.

김용운도 '앗싸리'라는 말로 일본인의 정신세계를 표현하고 있다.

---

199 이어령『흙 속에 저 바람 속에』문학사상사, 1986, pp.71-72.

그는 『한국인과 일본인1』(칼과 붓)에서 한국문화를 오기의 문화라고 부를 수 있다면, 일본문화는 '앗싸리'의 문화라고 할 수 있다고 한다. 그 예로 그는 사이고 다카모리(西鄕隆盛, saigo takamori)를 든다. 사이고 다카모리는 일본의 우에노 공원에 그의 동상이 세워져 있을 정도로 일본에서는 존경받는 인물이다. 그는 막부(幕府) 말기와 메이지유신(明治維新) 시기를 거친 정치가이자 무사다. 그는 정한론(征韓論)을 펼쳤는데 그의 주장이 받아들여지지 않자 반란을 일으켰다. 하지만 결국 반란군의 수장으로 할복자살로 생애를 마감했다. 이런 그의 삶의 자세와 그에 대한 일본인의 평가를 김용운은 '앗싸리'라는 말로 아래와 같이 설명하고 있다.

> 일본역사에서 역적에게 동상을 세워준 것은 그것(사이고 다카모리에게 동상을 세워준 것을 말함. 인용자)이 처음이었다. 사이고라는 사람이 그만큼 일본인의 이상에 맞는 매력을 지니고 있기 때문이다. 곧, 그는 '**아싸리**'[200] **정신**으로 메이지유신의 기틀을 닦았으며 **아싸리** 항복함으로써 반란을 쉽게 수습할 수 있게 하였고, 그래서 일본인은 **아싸리** 그 죄를 용서하고 그동안의 공을 생각해서 동상을 세워주었던 것이다.[201]

이 인용문에서 김용운은 사이고 다카모리를 '앗싸리' 정신을 구현

---

200 김용운은 '앗싸리'를 '아싸리'로 적고 있다. '앗싸리'는 '아싸리' 혹은 '앗사리'로 표기하기도 한다.

201 김용운 『한국인과 일본인1』(칼과 붓) 한길사, 1994, pp.119-120.

한 인물로 평가하고 있고, 이때 '앗싸리' 정신이란 '아싸리 항복함으로써 반란을 쉽게 수습할 수 있게' 했다는 표현에서도 알 수 있듯이 '뒤끝 없이 시원시원하고 담백하다'는 느낌을 주고 있다. 따라서 조정래와 이어령 그리고 김용운이 쓰고 있는 '앗싸리'는 모두 같은 의미라고 볼 수 있다. 즉, 앞서 박숙희가 말했듯이 그들이 사용한 '앗싸리'는 문맥에 따라서 '산뜻하게' '담백하게' '시원하게' '깨끗하게'로 바꿔서 표현할 수 있다.

그렇다면 우리는 '앗싸리'(혹은 '앗사리'와 '아싸리')를 언제부터 사용했을까? '앗사리'라는 표기는 일제강점기였던 1929년 2월 23일자 『조선일보』에 실린 최독견의 연재소설 <향원염사(香園艷史)> 제78회에 다음과 같이 나온다.

> ……사랑하는녀자압혜 무릅을꿀고 웃고울고하는인정만코 얌전한남자보다도 사자가튼호령으로 녀자를무릅꿀리는남자 그러면서도 녀자를귀엽다고 생각할때는 뼈가옥으러들도록 포옹할정력 이넘치는남자 그리고피차에 헤여지거나 떠나지안흐면 아니될경우에는 단애절벽에서 라도갈리어 버리되 뒤도 도라보지안코 **'앗사리'**하게 가버리는남자……[202]

여기서 나오는 '앗사리'는 '뒤끝이 없이' 혹은 '깨끗하게'라는 의미를 나타내고 있다.

또한 1935년 10월 1일자 『동아일보』에는 이무영의 <먼동이틀

---

202 『조선일보』(1929.2.23.) <香園艷史>

때>라는 작품이 연재되고 있었는데 제56화에는 다음과 같은 내용이 나온다.[203]

"조것좀 봐. 그래 넌 아버지두 무섭잔은가 보구나?"
이것이 어머니의 꾸짖는 말소리엇다.
"무섭긴 웨 무서우? 아버진그때만 지나시면 그만이야. 아버지처럼 '**앗싸리**'한 어른두 없으시다우!"

위 인용문에 보이는 '앗싸라'도 '뒤끝이 없다'는 의미로 쓰이고 있는 것을 알 수 있다.

'아싸리'라는 표기는 1999년 10월 4일자 『한겨레신문』에 연재된 조정래의 <한강>이라는 작품에 아래와 같이 보인다. 여기서 '아싸리'는 산뜻하면서 쉽게 그리고 화끈하게 등과 같은 의미를 가지고 있다.

이상재의 대학 1년 후배인 박 병장이 탁자에 캔맥주를 놓으며 말했다.
"이 병장님, **아싸리**하게 도와주셔서 너무 감사합니다."
중사는 일본말까지 써가며 이상재에게 악수를 청했다.[204]

위 인용문에서 잘 알 수 있듯이 조정래는 '아싸리'가 일본어에서

203 『동아일보』(1935.10.1.) <먼동이틀 때>
204 『한겨레신문』(1999.10.4.) <한강>

유래했다는 것을 알려주고 있다.

이처럼 '앗싸리'(혹은 '앗사리'와 '아싸리')가 일본어라고 밝히고 있는 사례는 더 있다. 앞에서도 예시했던 작품이지만 일제강점기였던 1929년 2월 1일자 『조선일보』에 실린 최독견의 연재소설 <향원염사> 제64화에 다음과 같이 나온다. 인용문에서 알 수 있듯이 1929년에 <향원염사>를 연재한 최독견도 '앗사리'를 일본어에서 유래했다고 밝히고 있다.

> 스미스씨를 소개하겠다는 이에게 이러게 말하고주저할 때에 "…… 수만흔 사람압헤서도 긔탄업시 손을잡아 흔들고친구의 애인의 손등에다 그친구압헤서 입을 쪽쪽맛추리만치그야말로 **일본말투로 '앗사리'** 한판에 더말할것이잇소……"[205]

그런데 조정래와 최독견과는 다른 견해도 있다. '아싸리'가 경상도 방언이라는 주장이 있다. 다음(daum)이나 네이버(naver) 국어사전에는 '아싸리'라는 표제어가 나온다. 또한 '앗사리'라는 말은 '아싸리'의 비표준어라는 설명도 나온다. 그리고 이 말은 경상도 방언인데 '그럴 바에는 오히려'라는 의미를 가지고 있다고 한다.[206] 네이버 국어사전에 수록된 예문을 정리하여 인용하면 다음과 같다.

---

205 『조선일보』(1929.2.1.) <香園艶史>
206 https://dic.daum.net/word/view.do?wordid=kkw000170888&supid=kku000
214073(검색일: 2022.9.9.)
https://ko.dict.naver.com/#/entry/koko/b08a839df2a8417280ad47a6b1fe89b6
(검색일: 2022.9.9.)

수정할 것이 많으면 **아싸리** 처음부터 다시 작성하는 게 좋아.

(출처『고려대 한국어대사전』)

내가 갈라 캤는데 니가 간다 카이 **아싸리** 잘됐대이.[207](경남)

(출처『우리말샘』[208])

또한 제주도 지역에서는 '깨끗하다'의 의미로 '아싸리하다'라는 말을 쓴다고 한다. '아싸리하다' 관련 부분을 인용하면 아래와 같다.

형용사

'깨끗하다'[209]의 방언. 제주 지역에서는 '아싸리ᄒ다'로도 적는다. (제주)

이처럼 경남 방언에는 '아싸리'가 있고, 제주 방언에는 '아싸리하다'라는 말이 있다는 것이다.

그렇다면 일본어 'あっさり(assari)' 곧 '앗싸리'(혹은 '아싸리'와 '앗사리')와 경남 및 제주방언인 '아싸리'는 어떤 관련이 있는 것일까? 몇 가지 가설이 있을 수 있다. 첫째, 일본어 'あっさり(assari)'가 경남 및 제주 방언으로 남아 있는 것이다. 둘째, 경남 및 제주 방언인 '아싸리'가 일본어 'あっさり(assari)'가 된 것이다. 셋째, 거의 같은 시기에 일본어 'あっさり(assari)'와 경남 및 제주 방언 '아싸리'가 동

---

207 '내가 가려고 했는데 네가 간다고 하니 차라리 잘됐다'라는 의미다.

208 국립국어원에서 만든 사전이다.

209 일본어 'あっさり(assari)'의 '뒤끝 없는 산뜻하고 담백한 모양'이라는 의미와 같다.

시에 생겨났다. 이런 가설을 검증하기 위해서는 현재 남아 있는 고문헌을 철저히 조사할 수밖에 없을 것 같다. 다만 현시점에서는 '앗싸리'가 일본어 'あっさり(assari)'에서 왔을 가능성이 좀 더 커 보인다.

어원과 별도로 일본어 'あっさり(assari)'의 의미와 우리말 '앗싸리'의 의미를 다시 정리해보면 다음과 같다.

일본어 'あっさり(assari)'
첫째, 뒤끝 없는 산뜻하고 담백한 모양
둘째, (어떤 일이)간단히, 쉽게

한국어 '앗싸리'
첫째, 뒤끝 없는 산뜻하고 담백한 모양. 특히 주로 뒤끝이 없는 성격을 가리킴
둘째, (어떤 일이)간단히, 쉽게
셋째, 오히려, 차라리
넷째, (문맥에 따라)산뜻하게, 담백하게, 시원하게, 깨끗하게

이 가운데 오히려, 차라리의 뜻은 일본어 'あっさり(assari)'에는 없다. 적어도 의미 측면에서는 우리가 쓰는 '앗싸리'가 일본어 'あっさり(assari)'보다 그 의미가 더 폭넓다고 생각된다. 이처럼 의미가 변용됐고, '앗싸리'가 우리의 일상생활에서 이 정도로 폭넓게 쓰이고 있다면 일본어에서 유래했다고는 하지만 '앗싸리'를 '앗싸리'하게 우리말로 수용하는 것은 어떨까.

【앗싸리】

첫째, 뒤끝 없는 산뜻하고 담백한 모양. 특히 주로 뒤끝이 없
는 성격을 가리킴

둘째, (어떤 일이)간단히, 쉽게

셋째, 오히려, 차라리

넷째, (문맥에 따라)산뜻하게, 담백하게, 시원하게, 깨끗하게

야메

【やみ(闇, yami)】 　　　　　　　　　　　　　　『광사원』[210]

첫째, 어둠, 암흑

둘째, 사려 혹은 분별이 없음

셋째, 세상이 혼란하여 평온하지 않은 상황의 비유

넷째, 앞날이 보이지 않은 상황 혹은 절망적인 상황의 비유

다섯째, 세상 사람들의 눈에 띄지 않은 곳. 세간의 눈을 꺼림

여섯째, 암시세, 암거래

---

210   https://dic.daum.net/KOJIEN(검색일: 2022.10.11.)

초등학교 5학년 때 학교 운동장에서 축구를 하다가 큰 사고를 당했다. 날아오는 공을 헤딩하다가 그만 친구 이마와 나의 앞니가 부딪친 것이다. 한동안 정신을 잃었다. 정신을 차려보니 친구 이마에서는 피가 났고, 나의 앞니는 흔들렸다. 친구 이마에서 흘러내리는 피가 너무 선명했던지 함께 운동하던 친구들과 이 사고를 알고 달려온 선생님들은 모두 친구 쪽으로 모여들었다. 나의 상처는 대수롭지 않게 취급되었다. 이 사고 이후 나는 축구를 하지 않게 되었다.

어떻게 연락이 닿았는지 어머니가 달려오셨다. 걱정스러운 표정을 지으시면서

"내가 무슨 잘못한 일을 많이 했기에 이런 일을 당하는 것인지 모르겠다"

고 말씀하셨다. 이 말씀이 40여 년 전의 일인데도 어제 일 같이 생생하게 귓가에 맴돌고 있다. 나는 옆에서 아무 말도 하지 못했다. 아이들이 놀다 보면 크고 작은 사건과 사고가 따르기 마련인데, 어머니는 이번 사고를 자신 탓으로 돌리고 계시는 것 같았다. 마음이 아팠다.

치과의사 선생님은 치아의 신경이 죽어서 흔들리는 치아를 살릴 수 없고, 따라서 빼야 한다고 말씀하셨다. 영구치이니 이를 뺀 후에는 임시로 의치(義齒)를 해놓고, 20살쯤 다시 의치를 하자고 했다. 의사의 조언에 따라 일단 죽은 치아는 뺐다. 2개였다. 하지만 그 치과병원에서 의치를 하지 않았다. 병원에서 나오면서 어머니는 나에게 이렇게 말씀하셨던 것 같다.

"잘 알고 있는 **야메** 의사가 있는데 거기에 가서 임시방편으로 의치를 하고, 20살이 되면 정식으로 의치를 하자"

내 뇌리에 '야메'라는 말이 각인된 것은 이때였다. 이 말의 정확한 의미는 잘 알지 못했지만 어딘지 모르게 음침하고 불법적이면서 하지만 값은 싸다는 의미인 것 같았다.

며칠 후 어머니 손에 이끌려 '야메' 의사에게 갔다. 가는 도중에 어머니는 나에게 이런 이야기를 했던 것 같다.

"**야메**이기는 하지만 웬만한 의사보다 잘한다고 하더라. 그러니 너무 걱정하지 마라"

'야메' 의사는 치과와 비교도 되지 않을 정도로 열악한 환경과 도구를 가지고 일반 가정집에서 치과 치료를 하고 있었다. 그곳에서 나는 생전 처음으로 '야메'로 치료를 받았다. 의치는 나의 치아와 색이 너무 달랐다. 누런 색깔의 의치로 한눈에 의치라는 것을 알아볼 수 있었다. 그리고 나는 그 의치와 만 20살까지 동거를 했다.

이 '야메'[211]라는 말은 사람에 따라서 그리고 지역에 따라서 '야미'라고도 했던 것 같다. 박숙희는『우리말 속 일본말』에서 '야미'의 의미와 쓰임 등에 대해 다음과 같이 자세히 설명하고 있다.

면허나 자격증이 없는 사람이 점포 없이 몰래 하는 **뒷장사**를 가리켜 '야미'라고 한다. 얼마 전까지도 많은 분야에서 성행했는데 특히 치과와 미장원, 성형수술, 침술 등에 많았다. **야미는 본래 '어둠'이란 뜻인데, 그것이 발전해 어둠 속에서 하는 것처럼 몰래 하는 뒷거래를 가리키게 됐다.** 세금과 점포세를 내지 않을뿐더러, 주로 어깨 너머로 기술을 배운 돌팔이가 한다는 약

---

211 '야매'라는 표기도 쓴다.

점 때문에 정상 가격보다 훨씬 저렴하게 일을 해결할 수 있었다. 지금도 치아 치료나 성형수술을 야미로 했다가 후유증으로 고생하는 사람이 많은 걸 보면, 아직도 '야미'가 없어지지 않고 있는 것을 알 수 있다.[212]

그럼 우리 사회에서 '야메(야미)'라는 말은 언제부터 어떻게 사용되었을까? '야미'는 '야미시장'이라는 표현으로 사용되었는데, 광복 후인 1946년 6월 12일자 『동아일보』에는 다음과 같은 기사가 실려 있다.

쌀 對策 어떤가

최근 시장에는 쌀이 별로 없고 갑이 올라가는 한편인데 六月 四일 현재 二百七十五원이다. 그 이유는 무엇이며 이 문제를 해결할 계획이 있는가. **야미시장**에서 쌀갑시 올라가는 리유는 현재 정부의 재고량이 오래지 않아서 다 없어지리라는 그릇된 보고가 시내에 유포되었기 때문이라고 보는데 이 정보는 그릇된 것이다.[213]

위 인용문에서 알 수 있듯이 '야미시장'은 곧 '암시장'을 의미했고, 광복 후 한국 사회가 겪었던 경제적 혼란을 상징적으로 잘 나타

---

212 박숙희 『우리말 속 일본말』 한울림, 1996, p.106.
213 『동아일보』(1946.6.12.) 「한슴짜리 配給은 지속－謀利輩 올리는 '쌀' 값에 속지 말라」

내고 있다.

한편 '야미시장'의 '야미' 외에도 '야메 가격', '야메로'라는 표현도 쓰였다. 1955년 12월 18일자 『경향신문』에 연재된 이무영의 작품 <창(窓)>에는 농촌의 현실을 고발하는 곳에서 '야메 가격'이라는 표현이 나온다.

올만 해 두 그렇지우. 언제나 암모니아니 초안 유안 같은 비료값이란 쌀 한 말 값과 갑습낸다. 그게 원칙이거든. 그래 정부에서두 비료값 허구 쌀 한 말 값 허구 맞비비게 매거든. 그게 어디 그렇던가유? 四백 四십 환 짜리 암모니 알 **'야메' 가격**으른 一천 七백 환 주니 四곱 아닌가우?[214]

1994년 10월 2일자 『동아일보』에 연재된 유현종 작품의 <달은 지다>에는 '야메로 하면'이라는 표현이 나온다. '야메로 하면' 싸다는 의미로 쓰이고 있다.

도원이 물었다.

"안웃고 배기게 생겼냐? 깜냥에 이뻐빌라고 코에다가 칼대고 성형수술을 한 모양이지? 그렇지, 코높인 여자는 감기 들어서 콧물이 줄줄 나와도 무너져 내릴까봐 팽하고 코 한번 제대로 못푼다드라. 맞으면 주저앉을 거야. 하하하. 아줌마, 콜랑은 때리지 마쇼. 수백만원 들었을 건디. 뭐 **야메로 하면** 기십만원 들

---

214 『경향신문』(1955.12.18.) <창(窓)>

었것지만. ㅎㅎㅎ"²¹⁵

다음(daum)의 '한국어사전'²¹⁶이 '야메'를

뒷거래(값이나 물건에 관한 적법한 법규를 어기고 은밀하게
사고팔거나 주고받음)형태분석 [한국식 발음(일본어)闇 yami]

라고 설명하고 있듯이 '야메(야미)'는 일본어 '야미'에서 유래한 말
로 불법으로 주고받는 뒷거래라고 정리할 수 있다. 또한 앞에서 예시
한 용례에서도 알 수 있듯이 '야미시장', '야메' 가격, '야메로 하다'
와 같이 쓰였다.

서두에서 인용한 일본어사전인 『광사원』의 '야미(闇, yami)'에는
여러 가지 의미가 있었는데, 이 가운데 '암거래'를 의미하는 '야미'에
는 일본의 사회상이 잘 반영되어 있다. 태평양전쟁기와 패전 후 일본²¹⁷
에서는 광복 후 한국과 같이 물자가 부족한 시기가 있었다. 그때 주로
암시장의 뜻으로 '야미시죠(やみしじょう, 闇市場, yamisizyou)' 혹은
'야미이치(やみいち, 闇市, yamiiti)'가 사용되었고, 거기서는 생필
품 거래가 이루어졌다. 또한 『광사원』에는 나와 있지 않지만 패전 직
후의 일본 사회에서 의사면허를 갖지 않은 채 불법적으로 의료 행위

---

215 『동아일보』(1994.10.2.) <달은 지다>(87)

216 https://dic.daum.net/(검색일: 2022.10.11.)

217 패전 후 일본의 암시장과 그 환경 속에서 살아가야 했던 재일 조선인의 삶은 다음
   과 같은 책에 잘 나와 있다.
   박미아 『재일조선인과 암시장』 선인, 2021, pp.3-433.

를 하는 사람은 일본어로 '야미이샤(やみいしゃ, 闇医者, yamiisya)'
라고 했다. 그리고 이 '야미'는 미용실에서도 사용됐다.

결국 일본어 '야미(闇, yami)'에는 여러 가지 의미가 있었는데, 우
리나라에서는 이것을 '야메(매)' 혹은 '야미'로 발음하면서 '암거래'
곧 뒷거래의 의미로 주로 사용했다는 것을 알 수 있다. 이것은 불법
적인 의료 행위와 함께 미용과 관련된 일에서도 사용됐다.

우리가 사용했던 '야메(야미)'는 일본어와 비교해서 발음상에 약
간의 모음 변화가 있었고, 일본어 원래의 의미 가운데 일부만 차용
했다고 볼 수 있다. 또한 암거래를 의미했던 일본어 '야미(闇, yami)'
와 마찬가지로 우리가 썼던 '야메(야미)'에도 혼란한 경제 상황과 함
께 서민들의 생활상도 엿보였다.

그렇다면 불법 의료를 의미하는 '야메'는 근절되었을까? 그렇지
않은 것 같다. 이윤옥은 『사쿠라 훈민정음』에서

> **야매**라는 말은 예전에 어머니가 자주 쓰던 말이다. 동네 미장
> 원에서 정식으로 파마할 돈이 없던 시절 우리 집에는 '**야매 미
> 용사**'가 드나들었다. 우리 집에 **야매 미용사**가 오면 동네 아줌
> 마들이 잔치라도 하는 양 하나둘 모여 툇마루를 채우고도 모자
> 라 안방과 건넌방까지 밀고 들어오는 바람에 어린 우리는 밖으
> 로 밀려났던 기억이 새롭다. …… **야매 파마**를 하고 **야매로 이
> 를 해 넣던 시절**이 갔나 했더니 여전히 **야매**는 한반도에서 은밀
> 하고도 질긴 생명력으로 버티고 있다.[218]

218 이윤옥 『사쿠라 훈민정음』 인물과사상사, 2010, pp.216-217.

라고 말한다. '야메'로 '파마'(사실 이것도 영어 permanent wave의
일본어 발음인 'パーマ(pama)'의 한국식 표기이지만)나 치아를 해
넣는 것은 그나마 다행이다. 가끔 신문에서 '야미' 혹은 '야메(매)'로
이루어진 낙태 수술에 관한 기사를 접할 수 있다. 임산부의 생명과
태아의 생명윤리와 관련된 심각한 문제다.

　최근 일이다. 코로나19로 코로나가 유행하자 일시적으로 마스크
가 크게 부족한 상황이 발생했다. 이때 사회적으로 문제가 됐던 것은
마스크 사재기와 암거래였다. 예나 지금이나 물자가 부족한 시기에
는 암시장이 활성화되는 법인가 보다. 또한 서민들은 어쩔 수 없이
'야메(야미)'의 세계에서 벗어날 수 없나 보다.

　우리가 써왔고 쓰고 있는 '야메(야미)'라는 말은 일본에서 유래했
다는 것은 확실하다. 다만 여기에는 당시의 한국 사회의 모습과 경제
적 상황 그리고 그 시대를 살았던 서민의 삶이 잘 드러나 있다. 권력
자들이 하는 '뒷거래'에는 이 '야메(미)'가 담고 있는 정서와 어감이
드러나지 못한다는 생각이 든다.

【야메】
첫째, 면허나 자격증이 없는 사람이 점포 없이 몰래 하는 뒷
　　장사. 뒷거래
둘째, 암시장

엥꼬

【えんこ(enko)】 『광사원』[219]

첫째, (유아어)엉덩이를 붙이고 다리를 펴서 앉음

둘째, (비유적으로)자동차 등이 고장 나서 도중에 움직이지

　　않게 된 것

---

[219] https://dic.daum.net/KOJIEN(검색일: 2022.11.17.)

운전면허를 막 땄을 때다. 30년 이상의 운전경력이 있는 아버지께 부탁하여 도로 주행에 나갔다. 역시나 어려웠다. 길도 몰랐고, 다른 차도 무서웠기 때문이다. 운전대를 잡은 나에게 아버지는 자동차의 여러 계기판에 대해 말해 주웠다. 그런데 특히 흥미로웠던 것은 주유계를 설명하실 때였다. 연비를 생각해서 휘발유는 '만땅'으로 하지 말고, 그렇다고 휘발유가 '엥꼬'가 나면 안 되니 가끔 주유계를 확인하라고 하셨다. '만땅'과 '엥꼬'(혹은 '엥코')라는 말을 처음 들었을 때 무슨 말인지 몰라서 잠시 당황했다. 하지만 문맥상 '만땅'은 연료가 가득한 상태, '엥꼬'는 연료가 바닥난[220] 상태라는 것을 알 수 있었다.

운전 초기에는 주유소 여기저기에서 "만땅이요!"라는 말을 자주 들었다. '만땅(満タン, mantan)'은 '찰 만(満)'과 영어 tank(일본어 표기는 タンク)를 조합한 말이라고 한다. 하지만 지금은 "가득이요!"라는 말을 더 많이 듣는다. '만땅' 곧 일본어 '満タン(mantan)'이 가득으로 순화된 것이다. 하지만 '엥꼬'는 '만땅'만큼 다른 말로 대체되지 못하고 있다는 느낌이 든다.

박숙희는 『우리말 속 일본말』에서 '엥꼬'에 대해

이 말은 본래 일본에서 어린아이가 털썩 주저앉아 움직이지 않는 것을 가리키는 말이다. 여기에서 발전하여 전차나 자동차

---

220 폴김은 『다시, 배우다』에서 연료가 '비어 있다'라는 표현을 썼다. 이 책에서 폴김은 비행에서 얻은 경험을 교육에 접목시키고 있다. 동기부여에 관한 자기계발서의 성격을 갖고 있다.
폴김 『다시, 배우다』 한빛비즈, 2021, p.190.

같은 것이 고장 나서 움직이지 못한다는 뜻으로 쓰이는 말이다. 그런데 이 말이 우리나라에 와서는 본래의 뜻에서 한발 더 나아가 '연료가 바닥이 났다' '물건이 다 떨어졌다'는 뜻으로 쓰이고 있다. 특히 자동차나 기름에 관련된 분야에서 많이 쓰이는데, 연료통에 기름을 꽉 채우면 '만땅'이라고 하고, 기름이 바닥 나면 '엥꼬'라고 한다.[221]

고 설명한다. 그리고 '엥꼬'를 바닥남 혹은 떨어짐으로 바꿔 써야 한다고 말한다.

위 인용문에서 박숙희는 '엥꼬'가 일본어 'えんこ(enko)'에서 왔다고 한다. 하지만 홍진은 『재미로 읽어 보는 우리말 속의 일본어』에서 '엥꼬'는 영어 'ain't to go' 곧 '가지 못한다'에서 유래했을 수도 있다고 말한다.[222] 일리가 있다. 그러나 '엥꼬'가 일본어 '만땅'과 짝을 이루고 있다는 점을 생각한다면 역시 '엥꼬'는 일본어 'えんこ(enko)'에서 왔다고 보는 것이 자연스럽다고 생각한다.

1965년 7월 21일자 『동아일보』에는 홍성원의 작품인 <더·데이 병촌(兵村)>이 연재되었는데, 거기에 '엥꼬'라는 말이 나온다.

순회영화반의 3/4톤차는 십구시가 지나서야 연대CP에도착했다. 작전과 사무실에서 교육관과 바둑을두며 기다리던 현중위는 들어서는 영사병(映寫兵)을 큰소리로 불러세웠다.

221 박숙희 『우리말 속 일본말』 한울림, 1996, p.110.
222 홍진 『재미로 읽어 보는 우리말 속의 일본어』 북랩, 2019, p.226.

"뭐해나 지금까지!"

"차가오다가 **엥꼬**를당했읍니다."

영사병은 당연한일처럼 말했다.

"그게 변명이되나 임마!"

옆에서 교육관이 고함을 쳤다.

"중간에 **엥꼬**를당한걸 어떡헙니까. 전영화만 돌려주면 고만입니다."[223]

위 인용문에서 영사병은 늦은 이유를 '엥꼬' 때문이라고 말하고, 교육관은 그게 변명이냐고 질책한다.

그런데 영사병의 말이 변명이 아닐 수도 있다. 황대권은 일기 형식의 글인『빠꾸와 오라이』에서 일부 병사들이 기름을 빼돌려 팔아먹기도 했다고 고발한다.

일부 병사들이 시내에 나가서 기름을 **빼**다 팔아먹고는 하였단다. 기름을 뺄 때 항상 하는 말이 '**엥꼬**가 나지 않게 조심하라'는 것이다. 기름을 완전히 **빼**버려 부대로 돌아가는 도중에 **엥꼬**라도 나는 날이면 감당키 어려운 곤경에 맞닥뜨리게 되기 때문이다. 실제로 이런 일이 벌어져서 연락을 받고 다른 지프로 구원을 나간 일도 있었다.[224]

---

223 『동아일보』(1965.7.21.) <더·데이 병촌(兵村)>
224 황대권『빠꾸와 오라이』도솔오두막, 2007, p.123.

그런데 일본어 'えんこ(enko)'에는 어떤 의미가 있을까? 앞에서 이미 제시했듯이 여기에는 엉덩이를 붙이고 다리를 펴서 않은 것, (비유적으로)자동차 등이 고장 나서 도중에 움직이지 않게 된 것이라는 의미가 들어 있다.

일본어 'えんこ(enko)'는 자동차에 무슨 문제가 발생하여 움직이지 못하는 상황에 쓰는 말이다. 다시 말하면 일본인은 휘발유를 포함한 기름이 완전히 떨어진 상태를 말할 때 'えんこ(enko)'라는 말은 사용하지 않는다. '엥꼬'가 일본어 'えんこ(enko)'에서 유래했지만 의미에 변용이 발생한 것이다. 그런 의미에서 우리가 쓰는 '엥꼬'는 일본어 'えんこ(enko)'가 아니다.

그렇다면 왜 이런 변용이 생겼을까? 그 이유를 확정지을 수는 없지만 자동차의 주유계와 관련이 있을 것 같다. 잘 알고 있듯이 자동차 주유계는 F와 E로 표시되어 있다. F는 영어 FULL의 약자로 '가득'이라는 의미이다. 반면에 E는 영어 EMPTY의 약자로 '빈' 혹은 '없는'이라는 뜻이다. 그런데 이 E라는 약자가 'えんこ(enko)'의 영어 철자 E를 연상시킨다. 이런 연상에 의해 우리가 말하는 '엥꼬'의 의미가 생겨나지는 않았을까?

【엥꼬】
자동차의 연료가 다 떨어진 상태

오뎅

【おでん(御田, oden)】 『광사원』[225]

곤약·두부·토란뿌리·상어 등의 살에 마, 녹말 등을 갈아

으깨 만든 식품·생선살의 쪄서 으깨 만든 식품 등을 어묵

국물로 푹 삶은 요리

---

225 https://dic.daum.net/KOJIEN(검색일: 2022.11.18.)

귀가해보니 아내가 저녁 식사 준비를 하고 있었다. 맛있는 냄새가 집안에 가득했다. 메뉴가 뭐냐고 묻자 '오뎅'이라는 말이 돌아왔다. 일본인 아내가 낸 '오뎅'에는 어묵과 함께 무, 두부, 삶은 계란, 토란, 버섯, 곤약 등이 들어 있었다. 그리고 겨자가 놓여 있었다. 아내는 겨자를 찍어서 먹어야 맛있게 먹을 수 있다는 등 '오뎅'을 맛있게 먹는 방법도 설명해주었고, '오뎅'에서 중요한 것은 무엇보다도 무라고 말해주면서 일본의 '오뎅'과 한국의 '오뎅'은 다르다고 친절하게 가르쳐주었다. 순간 머리가 복잡해졌다. 아내의 설명이 어려웠기 때문이 아니다. '오뎅'의 정의(定義)가 무엇인지, 어묵(생선묵)의 정의가 무엇인지 헷갈리기 시작했기 때문이다. 말하자면 '오뎅'의 정체성에 혼란이 생긴 것이다.

국립국어원 『표준국어대사전』에서 '오뎅'을 찾아보면 '어묵'을 보라고 나와 있다.[226] 그리고 어묵을 찾아보면 다음과 같이 설명되어 있다.[227]

생선의 살을 으깨어 소금 따위의 부재료를 넣고 익혀서 응고시킨 음식. 원래 일본 음식으로서 으깬 생선살을 대꼬챙이에 덧발라 구운 데서 비롯하였으며, 나무 판에 올려찌거나 기름에 튀겨서 만들기도 한다. ≒생선묵.

어묵을 조리다.

---

226 사전에는 이런 설명이 가끔 보인다. 불친절한 설명이라고 말하지 않을 수 없다. https://stdict.korean.go.kr/search/searchView.do(검색일: 2020.10.28.)
227 https://stdict.korean.go.kr/(검색일: 2020.10.28.)

어묵으로 국을 끓이다.

그러고 보니 『표준국어대사전』의 말대로 '오뎅'은 일본어 'おでん(御田, oden)'에서 왔으니 어묵으로 순화해야 한다는 말을 학교나 언론을 통해 배운 기억이 난다.

박숙희는 『우리말 속 일본말』에서 우리의 언어생활에 맞게 '오뎅'을 다음과 같이 정의하고 있다.

> 생선묵 하나만을 꼬치에 꿰어 파는 것도 오뎅이라고 하고, 꼬치에 꿰지 않고 반찬거리로 파는 생선묵도 오뎅이라고 한다. 그러나 엄밀한 의미에서 오뎅은 생선묵을 비롯한 여러 가지 재료를 한 꼬챙이에 꿰어 끓는 국물에서 익힌 것이라야 한다.[228]

요컨대 '오뎅'이란 첫째, 꼬치에 꿰어 놓은 어묵을 가리킨다. 둘째, 꼬치에 꿰지 않은 상태의 어묵도 말한다. 셋째, 여러 가지 재료와 함께 어묵을 꼬챙이에 꿰어 끓는 국물에서 익힌 것도 말한다.

그렇다면 일본어에서 'おでん(御田, oden)'은 무엇을 의미할까? 앞에서 인용한 일본어사전에 따르면 일본에서는 곤약, 두부, 토란 뿌리, 어묵 등을 넣어 끓인 '요리'를 뜻한다.[229] 주영하도 『식탁 위의 한국사』에서 우리는 일본의 '가마보코(かまぼこ, 蒲鉾, kamaboko)'를 '오뎅'으로 착각해서 '오뎅'이 어묵인 줄 알고 있다고 지적하고

---

228 박숙희 『우리말 속 일본말』 한울림, 1996, p.111.
229 여기서 중요한 것은 '오뎅'은 재료가 아니라 '요리'라는 사실이다.

있듯이[230] '오뎅'은 요리이지 어묵 같은 재료 그 자체를 가리키지 않는다.

다행스럽게도 최근에 와서야 '오뎅'과 어묵의 개념을 구분하는 움직임이 일어나기 시작한 것 같다. 2016년 11월 12일자 『아시아경제』는

> 어묵과 오뎅은 다르다. 어묵은 생선살을 으깨 만든 음식인데 일본어로는 '가마보코(かまぼこ)'다. 그렇다면 오뎅(おでん)은 뭘까. 이 어묵과 계란, 무, 유부, 소 힘줄 등이 들어간 국물요리가 오뎅이다. 이를테면 어묵탕이 오뎅인 것이다. 오뎅탕은 잘못된 말인 셈이다. 마찬가지로 오뎅볶음이나 오뎅반찬 등도 어폐가 있다. 정리하자면 오뎅은 요리의 이름인데 그 안에 들어가는 재료의 이름으로 와전됐다.[231]

고 지적하고 있다. 큰 틀에서는 틀린 설명은 아니지만 우리가 먹었고 그리고 먹고 있는 것은 사실 일본의 '가마보코(かまぼこ, kamaboko)'가 아니다. 생선 반죽을 둥글고 납작한 모양으로 만들어 튀긴 '자코텐(じゃこ天, zakoten)에 가깝다. 이것은 형태나 맛에서 부산어묵과 대단히 유사하다.[232] 그리고 나는 이것을 어렸을 적에 '뎀뿌라'라고도 불렀다.

---

230 주영하『식탁 위의 한국사』휴머니스트, 2013, pp.438-439.
231 『아시아경제』(2016.11.12.)「오뎅과 어묵의 차이를 아시나요?」
232 박상현『일본의 맛, 규슈를 먹다』따비, 2013, p.202.
　　참고 사항이지만 이 책의 저자는 동명이인이다.

우리는 '오뎅'이라는 말을 일제강점기였던 1930년대 전후부터 쓰기 시작한 것 같다. 1931년 1월 2일자『조선일보』에는 염상섭의 <삼대(三代)>가 연재되고 있었는데 거기에 '오뎅'이 다음과 같이 나온다.

> 놀라삽바지지말라는 병화의말이 잇섯기 때문에 호긔심을가지고 유심히본것이나 엿전영문 지 몰으겟다.
> "여긔는 오뎅느하고 술띄일세"('**오뎅**'이란 것은 두므종류의 것을 장물에삶은 일본료리다)
> "긧것온게 여긔야?"
> 덕긔는 다소실망도하고 불쾌한듯이 핀잔을 주엇다.[233]

위 인용문에서 염상섭은 당시 '오뎅'이 대중에게 널리 알려지지 않은 일본 음식이라는 것을 의식해서인지 '오뎅'이 두부 등이 들어간 간장에 삶은 일본음식이라고 친절하게 부연설명하고 있다.

1930년대 전후에 우리에게 유입되기 시작한 '오뎅'은 긴 생명력을 가진 채 지금도 우리 곁에 있다. 그렇다면 일본어에서 유래한 '오뎅'을 우리는 어떻게 순화해야 할까?

'오뎅'을 '어묵'이나 '어묵꼬치'라고 바꿔 부르는 것에 언어 내셔널리즘이 전혀 들어가 있지 않다고 말하기는 어렵다.[234] 하지만 적어

---

233 『조선일보』(1931.1.2.) <삼대>
234 이윤옥은 '오뎅'을 '어묵'이나 '어묵꼬치'라고 바꿔 부르는 것은 언어 내셔널리 즘 때문이 아니라 단지 순화 표현이 알기 쉽기 때문이라고 말한다. 그러나 '어묵' 혹은 '어묵꼬치'라는 표현에는 의미의 명료성과 더불어 언어 내셔널리즘이라는

도 우리가 쓰는 '오뎅'을 '어묵' 혹은 '어묵꼬치'로 부르는 것이 좋은
것은 그 의미가 알기 쉽기 때문이다. 그러나 여기서 문제는 이것이
일본어 'おでん(御田, oden)'을 의미하지는 않는다는 점이다.

　결국 우리가 쓰는 '오뎅'에는 크게 세 가지 의미가 들어 있다. 첫
째, 꼬치에 꿰어 놓은 어묵을 가리킨다. 둘째, 꼬치에 꿰지 않은 상태
의 어묵도 가리킨다. 셋째, 여러 가지 재료와 함께 어묵을 꼬챙이에
꿰어 끓는 국물에서 익힌 것도 가리킨다.

　우리가 '어묵' 혹은 '어묵꼬치'를 의미하는 '오뎅'을 간장을 찍어
서 먹지만 일본인은 'おでん(御田, oden)'을 겨자와 함께 먹는다. 또
한 우리에게 국물이 들어 있는 '오뎅'에서 무는 큰 역할을 하지 않는
다. 맛을 내는 재료에 불과하다. 그러나 일본인이 먹는 'おでん(御田,
oden)'에서 무는 대단히 중요한 역할을 수행한다. 무의 맛을 중요하
게 생각하기 때문이다. 또한 우리는 '오뎅' 국물[235]을 즐기지만 일본
인은 그것을 거의 마시지 않는다.[236] 따라서 우리가 쓰는 '오뎅'은 의
미 측면에서도 음식 측면에서도 일본어 'おでん(御田, oden)'과는
다르다고 말할 수 있다. '오뎅'은 '오뎅'이지 'おでん(御田, oden)'이
아니다.[237]

두 가지 측면이 있다고 생각한다.
　이윤옥『오염된 국어사전』인물과사상사, 2013, pp.324-306.

235　일본 드라마에 <고독한 미식가>가 있다. 한국에서도 인기가 있다고 한다. 그런데
　　<고독한 미식가>의 한국편에서 한국인 등장인물이 "오뎅 국물"이라고 말하자 자
　　막에서는 이 표현을 순화하여 '어묵 국물'이라고 표현했다. 어색한 표현이다.
　　유튜브(https://www.youtube.com/watch?v=OkLGpET35Fo&t=361s, 검색일:
　　2023.3.24.)

236　『한겨레신문』(2021.1.7.)「어묵이야? 오뎅이야?」

237　아사쿠라 도시오는『일본음식 인문학 연구노트』에서 한국음식문화와 비교하면

【오뎅】

첫째, 꼬치에 꿰어 놓은 어묵

둘째, 꼬치에 꿰지 않은 상태의 어묵

셋째, 여러 가지 재료와 함께 어묵을 꼬챙이에 꿰어 끓는 국
  물에서 익힌 것

서 일본음식문화를 인문학적으로 언급하고 있다. 필자의 지적과 비슷하지만 '오
뎅'에 관한 언급이 있어 참고로 소개한다.
아사쿠라 도시오 저·김규열 역 『일본음식 인문학 연구노트』 민속원, 2022, pp.
17-20.

제22절

와꾸

【わく(枠, waku)】 『광사원』[238]

첫째, 실을 감는 도구. 얼레

둘째, 나무·대나무·금속 등의 가는 재료로 만들어 기구의
   뼈대 혹은 가장자리로 한 것

셋째, 인쇄물 따위의 윤곽선

넷째, 제방·콘크리트 공사에 사용하는 상자 모양의 판자

다섯째, 한계. 제약

---

238 https://dic.daum.net/KOJIEN(검색일: 2022.11.8.)

"그렇게 하면 **와꾸**에 안 맞잖아!"

"그럼 이렇게 하면 **와꾸**에 맞나요?"

어렸을 때 '와꾸' 혹은 '와쿠'라는 말을 참 많이 듣고 썼다. 무슨 뜻인지 잘 몰랐지만 문맥상 '틀'이나 '테두리' 같은 것을 나타내는 것 같았다는 느낌을 받았다. 그리고 이 말은 지금도 일상생활과 건설 현장 등에서 쓰이고 있다.

'와꾸(와쿠. 앞으로 '와꾸'로 통일)'에 대해 홍진은 『재미로 읽어 보는 우리말 속의 일본어』에서 다음과 같이 정리하고 있다.

"문의 **와꾸**가 잘 안 맞는다."든지 "일의 전체 **와꾸**가 어떻게 돼?"라는 식으로 사용하는데 그 뜻은 각각 '문틀이 잘 안 맞는다.'라는 뜻과 '일 전체의 대략적 구성이 어떻게 돼?'라는 뜻이다. …… 'わく(枠): 와꾸'라고 쓰고 읽으며 '테두리, 테, 범위의 제한'이라는 뜻이다.[239]

'틀', '테두리', '범위의 제한'의 의미로 쓰는 '와꾸'의 용례를 우리는 쉽게 찾을 수 있다. 일제강점기였던 1934년 11월 27일자 『동아일보』에는 강경애의 작품 <인간문제>가 연재되고 있었다. 여기서 '와꾸'는 '(문)틀'이라는 의미로 쓰이고 있다.

"이거봐라 일은 죽도록 하구서는 손에 돈도 쥐어보지 못하고

---

239   홍진 『재미로 읽어 보는 우리말 속의 일본어』 북랩, 2019, p.234.

우리는 그래 이게 무슨 꼴이냐 어머니 아버지 앞에서 고히 자라 가지고 이모양을해! 난 오늘 이손이 하마트면 **와꾸**에 끼워 잘라집번 하엿다! 들어 올때는 누가 이런줄 알앗니?"[240]

1990년 10월 15일자『경향신문』은 건설용어를 우리말로 바꾸자고 주장하는데, 거기에 '틀'을 의미하는 '와꾸'가 들어가 있다.

가라(가짜, 헛) 가자리(꾸밈, 장식) 기라카에(바꿔대기, 바꾸기) 나라시(고루놓기, 길들이기) 내역서(명세서) 단도리(채비) …… 오야(우두머리) **와쿠(틀)**[241]

1984년 7월 3일자『매일경제』는 금융용어를 알기 쉽게 쓰자고 제안했는데, 거기서 '와꾸'는 '한도'를 뜻했다.

마메인(잔도장, 작은도장), 모찌다시(교환회부), 시마이(마감, 끝냄), 아까지(적자, 손해, 부족), **와꾸(한도)**, 하시다(우수리, 끝수)[242]

지금까지 살펴봤듯이 '와꾸'는 일제강점기부터 지금까지 '틀', '테두리', '한도' 등의 의미로 폭넓게 사용되고 있다고 볼 수 있다.

---

240 『동아일보』(1934.11.27.) <인간문제>
241 『경향신문(1990.10.15.)』「倭色 건설용어 우리말로 바꾼다」
242 『매일경제』(1984.7.3.) 「金融用語가 쉬워진다」

잘 알려져 있듯이 우리가 쓰는 '와꾸'는 일본어 'わく(枠, waku)'에서 유래했다. 이 일본어에는 여러 가지 의미가 있지만 앞에서 이미 제시했듯이 '가장자리'나 '한계·제약' 등이 거기에 들어간다. 그런 의미에서 우리가 쓰는 '와꾸'와 그 의미가 같다고 볼 수 있다.

그런데 화류계를 중심으로 '와꾸'가 얼굴과 몸매를 포함한 '외모'를 뜻하는 의미로 쓰이고 있다는 것이 흥미롭다. 예를 들어 "와꾸 좋은데" 혹은 "와꾸 대장"과 같이 사용된다. 이에 대해 온라인 경제미디어인 『뉴스웨이』는 "와쿠/와꾸(わく)＝틀 또는 사람의 외모나 겉모습을 속되게 이르는 말로 적잖이 쓰이지만 역시 일본어에서 비롯됐습니다[243]"고 지적한다.

놀랍게도 '얼굴'을 뜻하는 말로 '와꾸'를 쓰기 시작한 것은 사실 최근이 아니다. 1993년 9월 26일자 『동아일보』는 「신세대: 계층문화」라는 기획 기사를 실었다. 이 기사는 경제적 수준이 비슷한 사람끼리 어울리는 것이 신세대의 문화라는 것을 보도한 것이었는데, 거기에 나오는 '와꾸'라는 말은 '얼굴'을 가리킨다.

> 시인 유하 씨가 "당신의 **와꾸(얼굴)**를 디밀어보면 띠-하고 거부반응을 일으킨다"고 한 압구정동까지 가지 않더라도 사는 지역과 자동차의 배기량에 따라 수준이 나뉘어지기도 한다. 비슷한 사람끼리 있어야 편안하다는 것이다.[244]

---

243 『뉴스웨이』(2018.11.10.)
244 『동아일보』(1993.9.26.) 「신세대: 계층문화」

시간을 더 거슬러 올라가서 1966년 6월 9일자 『조선일보』에 실려 있는 「전(前) 소매치기의 수기」라는 글에서 '와꾸'가 이미 '얼굴'을 뜻하고 있었다.

아닌밤중에 차에서집어던져진 GI는 천방지축을 분간없이 권총을난사했던 듯하다. 이짓도 못하겠다고 여긴 나는 부신극장을 무대로하는 건달패에 한몫 끼였다. 여름이면 송도가 장사터였다. 카메라나 고급팔뚝시계를 가진 학생이 해변에 오가면 조금 실례한다. "내 애인하고 저구석에서 만날 예정인데 카메라 10분만 빌려줄수 없겠냐"고 협박한다. 못이긴 듯이 빌려주면 서서히사라진다. 빼앗긴 학생이 울부짖고 따라오면 **와쿠(얼굴)**를 바꾸어준다.[245]

결국 1960년대부터 '와꾸'는 이미 '얼굴'을 의미했고, 이후 그 의미는 '얼굴'뿐만이 아니라 '외모'로까지 확장됐다고 생각된다. 그러나 앞에서 이미 살펴봤듯이 일본어 'わく(枠, waku)'에는 '얼굴'이나 '외모'의 의미가 없다.

우리가 쓰는 '와꾸'라는 말은 일본어 'わく(枠, waku)'에서 유래했다. 그리고 일본어의 의미를 살려서 사용하고 있다. 하지만 거기에 그치지 않고 '얼굴'이나 '외모'라는 뜻으로도 '와꾸'를 사용하고 있다. 의미를 확장해서 쓰고 있는 것이다.

국어순화 덕분으로 '틀', '테두리', '범위의 제한'의 의미로 쓰는

---

245 『조선일보』(1966.6.9.) 「前 소매치기의 수기」

'와꾸'라는 말은 지금은 많이 사라졌다. 언어정책과 언어운동의 성과다. 하지만 '와꾸'라는 말은 죽지 않았다. '얼굴'이나 '외모'를 나타내는 말로 그 생명력을 이어가고 있다. 진화하고 있는 것이다. '와꾸'라는 용어는 언어생활에서 말을 실제로 사용하고 있는 언중의 힘이 얼마나 강한지를 잘 나타내고 있다고 생각한다.

> **【와꾸】**
> 첫째, 틀
> 둘째, 테두리
> 셋째, 범위의 제한
> 넷째, 얼굴
> 다섯째, 외모

유도리

【ゆとり(yutori)】 『광사원』[246]

여유가 있는 것. 답답하지 않은 것

---

246 https://dic.daum.net/KOJIEN(검색일: 2022.10.24.)

"사람이 **유도리**가 있어야지, 넌 왜 그렇게 **유도리**가 없어. 그
렇게 해서 어떻게 사회생활을 잘 할 수 있겠니"

어렸을 때 자주 들었던 말이었다. 여기서 알 수 있는 것은 '유도리
가 있다'는 말은 긍정적이고, '유도리가 없다'는 말은 부정적으로 쓰
이고 있다는 사실이다. 이때 '유도리'는 문맥에 따라 '융통성' 혹은
'여유'로 바꿔 쓸 수 있다.

이 '유도리'에 대해 박숙희는『우리말 속 일본말』에서 다음과 같
이 자세하게 언급한다.

> 유도리는 공간, 시간, 마음. 체력적인 여유를 뜻하는 말로, 그
> 뜻이 포괄하는 범위가 넓기 때문인지 생활 속에서 널리, 자주
> 쓰이는 말 중에 하나다. '그 사람은 어쩌면 그렇게 유도리가 없
> 이 꼭 막혔는지 몰라.' '사람이 좀 유도리가 있어야지 그렇게 빡
> 빡해 가지고서야.' 등의 표현으로 많이 쓰는데, 우리말의 '여유'
> 나 '융통성'으로 바꿔 쓰면 좋을 것이다.²⁴⁷

'유도리'를 '여유' 등으로 대신하자는 움직임은 박숙희의 지적 이
전부터 있었다. 예를 들어 1976년 4월 27일자『경향신문』은「고운
우리말을 찾자」에서 아래와 같은 예문을 제시하고 있다.

> 이 쓰봉(바지)은 가랑이하바(너비)를 좁게 하고 가부리(밑접

---

247 박숙희『우리말 속 일본말』한울림, 1996, p.122.

단) 나시로 하되 고시(허리)는 **유도리**(여유)가 있도록 해야 돼.[248]

또한 '유도리'는 '유두리'라고도 표기했는데, 『우리말샘』에는 2008년 11월에 나온 『동아일보』 기사에 아래와 같은 내용이 실려 있다고 나와 있다.

특히 이날 기자 간담회에서는 ○○측에서 "그동안 작은 개발사들은 엔진 비용이 비싸 섣불리 우리를 콘택트하지 못했지만, 비용은 서로 최대한 **유두리** 있고 합리적으로 풀 수 있을 것"이라고 해 향후 귀추를 주목하게 했다.[249]

그렇다면 '유도리' 혹은 '유두리'는 언제부터 사용했을까? 정확한 시기를 확정하기는 어렵지만 일제강점기부터 쓰이기 시작했다고 추정할 수 있다. 일제강점기였던 1938년 12월에 발간된 대중잡지 『삼천리』(제10권 제12호)에는 「이땅을 스처간 藝術家」라는 제목으로 언론인 홍종인이 쓴 「藤原義江과 에르망」이라는 글이 실려 있다. 여기서 그는 '유도리'라는 말을 쓰고 있는데, 음성이 '유도리'가 있다고 한다. 국사편찬위원회가 제공하는 한국사데이터베이스에서 인용하면 아래와 같다.

朝鮮에 온 음악연주가들을 대개 맞나 보긴 했어도 그 여러

---

248 『경향신문』(1976.4.27.) 「고운 우리말을 찾자」
249 https://opendict.korean.go.kr/(검색일: 2022.10.24.)

사람들 인상을 일일히 여기에 들어 말하긴 지면관계도 있으려
니와 또 그 사람들 전부가 지금 내 머리에 남어 있지 않음으로
기억에 남는 몇 사람의 이얘기만 — 그것도 사사로히 맛나 이얘
기한 일도 없고 무대에서 본 그대로에 지나지 못하고 보매 내용
이 매우 빈약할 것을 미리 말해 둡니다. …… 베르트라메리能子
의 **음성은 무척 유도리가 있었읍니다.** 깜안 양장 맵시를 길게
채린 氏의 모양은 무대 우에 찬란했다기보다 퍽 엄숙했든 것이
기억되고 宮川의 음성이 有望하든 것과 伊藤孃 등의 노래가
좋았든 것이 생각남니다. 더구나 伊藤孃은 洋行도 하지 않었
으나 무척 유망하다고 생각했읍니다. 그 외에 上野音樂學校에
서 교편을 잡고 있는 크로일자라든가 제-베- 등에 대해서도
한 마디씩 할 것이나 쓰면 생각해 봐도 역시 처음 생각했든 것과
같은 — 책임없는 붓놀님잇 듯해서 여기서 이만 하겠읍니다.[250]

이처럼 당대의 식민지 조선의 지식인이 '유도리'라는 말을 쓰고
있는 것을 알 수 있다. 이런 현상에 대해 이윤옥은 『오염된 국어사전』
에서

일제강점기에 글깨나 쓰는 사람들은 일본 말을 이렇게 아무
런 생각 없이 들여다 섰다. 지금 일본 말 찌꺼기가 남아 있는 데
에는 모두 이런 사람들의 공이 지대함은 말할 것도 없다.[251]

250 http://db.history.go.kr/(검색일: 2020.9.18.)
251 이윤옥 『오염된 국어사전』 인물과사상사, 2013, p.200.

라고 혹평한다. 이윤옥의 비판은 타당하다. 왜냐하면 홍종인이 언론인이었기에 그렇고, '음성은 무척 유도리가 있었습니다'에서 '유도리'는 '여유'라는 말로 대체할 수 있기 때문이다.

우리가 '유도리' 혹은 '유두리'를 언제부터 쓰기 시작했는지를 명확히 확정 짓기는 어렵다. 하지만 언중 사이에서 이 용어가 지금도 폭넓게 사용되고 있는 것을 생각해보면 그 역사는 상당히 길 것으로 추정된다.

결국 '유도리' 혹은 '유두리'라는 말은 일본어 'ゆとり(yutori)'에서 유래했다는 것은 확실하다. 'ゆとり(yutori)'의 'と(to)'가 '도(do)'로 변하여 '유도리'가 됐고, 혹은 'と(to)'가 '두(du)'로 바뀌어 '유두리'가 됐다고 생각하면 된다.

앞에서 인용했듯이 일본어 'ゆとり(yutori)'의 의미는 여유가 있거나 답답하지 않은 것을 가리킨다. 대표적인 용례에는 다음과 같은 것이 있다.

『광사원』[252]

経済的(けいざいてき)なゆとり[253] : 경제적인 여유

『デジタル大辞泉』[254]

心にゆとりを持つ: 심적으로 여유를 가지다

---

252 https://dic.daum.net/KOJIEN(검색일: 2022.10.24.)

253 일본어 문장의 로마자 표기는 생략. 이하 같음.

254 https://kotobank.jp/word/%E3%82%86%E3%81%A8%E3%82%8A-652015
(검색일: 2022.10.24.)

위의 사용례를 살펴보면 일본어 'ゆとり(yutori)'에는 경제적 및 정신적 등으로 '여유'가 있는 것을 나타낸다.

그런데 지금은 좀 사정이 달라졌지만 일본에서는 2000년대 전후에 '유도리 교육(ゆとり教育, yutori kyouiku)' 혹은 '유도리 세대(ゆとり世代, yutori sedai)'라는 말이 회자됐다. 즉, '유도리 교육'은 주입식 교육을 비판하면서 나온 교육으로 살아가는 능력을 육성한다는 방침 아래에 2002년부터 시작되었다. 교과의 양과 수업 시간을 줄여서 학생들의 부담을 줄이려고 했다. 또한 '유도리 세대'는 '유도리 교육'을 받은 세대로 1987년 이후 2004년까지 태어난 세대를 가리킨다. 하지만 얼마 지나지 않아 '유도리 교육'은 기초 학력 저하를 초래했다는 비판을 받았다.

이처럼 우리가 쓰는 '유도리' 혹은 '유두리'라는 말은 일본어 'ゆとり(yutori)'에서 온 것은 확실하다. 그리고 일본어에서 그 의미는 경제적, 정신적, 시간적, 공간적 여유를 의미했다.

그런데 우리가 사용하는 '유도리' 혹은 '유두리'의 의미는 일본어 'ゆとり(yutori)'와 다소 다르다고 볼 수 있다. 앞에서 인용했듯이 홍종인은 '음성은 무척 유도리가 있었습니다' 같이 '음성'이 '유도리'가 있다고 표현했다. 또한 앞에서 박숙희도 예시했지만 우리는 '그 사람은 어쩌면 그렇게 유도리가 없이 꼭 막혔는지 몰라' 또는 '사람이 좀 유도리가 있어야지 그렇게 빡빡해 가지고서야' 등과 같이 '유도리'라는 말을 사용한다. 이때 '유도리'는 융통성을 가리킨다. 이런 '유도리'의 용례는 일본어 'ゆとり(yutori)'의 전형적인 쓰임이 아니다. 왜냐하면 일본에서 '융통성이 있다' 혹은 '융통성이 없다'라는 표현에는 '융통' 곧 '融通(ゆうづう, yuuduu)'라는 일본어를 사용하기 때문이다.

그런 의미에서 '유도리' 혹은 '유두리'는 일본어 'ゆとり(yutori)'에서 왔지만 그 쓰임에서는 차이가 있다. 이 정도라면 '유도리'를 '유도리' 있게 우리말로 받아들이는 것은 어떨까.

【유도리】
첫째, 융통성
둘째, 여유

이빠이

【いっぱい(一杯, ippai)】　　　　　　　『광사원』[255]

첫째, 한 잔, 한 그릇

둘째, 술을 마시는 것

셋째, 용기나 장소 등에 가득한 모양

넷째, 한정된 범위의 한계점에 이르는 모양

255　https://dic.daum.net/KOJIEN(검색일: 2022.10.27.)

아버지는 '이빠이'('입빠이' 혹은 '잇빠이')라는 단어를 자주 사용하셨다. 주유소에 가서 휘발유를 넣을 때도 "휘발유 '이빠이'요"라고, 나에게 술을 따르라고 하실 때도 "술을 '이빠이' 따라라"라고, 자동차 핸들을 돌릴 때도 "핸들을 '이빠이' 돌리고"라고 말씀하셨다. 정말이지 아버지는 '이빠이'라는 말을 '이빠이' 쓰셨다. 그리고 이 '이빠이'라는 말을 얼마 전까지만 해도 주변에서 '이빠이' 들었다.

박숙희는 『우리말 속 일본말』에 '이빠이'의 의미와 사용법을 다음과 같이 잘 정리하고 있다.

> '입빠이'는 어떤 그릇이나 장소에 가득 들어차 있는 모양이나 있는 한도를 다한 모양을 가리키는 말이다. 그러므로 보통 두 가지 쓰임새를 가진다. 첫째가 술잔이나 연료통에 내용물을 가득 채우는 경우를 두고 '입빠이 따라.' '입빠이 채워 줘요.' 하는 식으로 쓴다. 둘째는 어떤 한도를 다할 때까지 쓰는 것을 말한다. '하루 24시간을 입빠이 썼는데도 시간이 모자라데.' '은행에서 입빠이 대출받을 거야.' 같은 표현에 쓰인다.[256]

위 인용문을 보면 아버지도 위와 같은 쓰임으로 '이빠이'라는 말을 사용했다는 것을 알 수 있다. 결국 '이빠이'는 문맥에 따라서 '가득', '한껏', '많이' 같은 표현으로 대체할 수 있다고 생각한다.

그렇다면 우리는 '이빠이' 혹은 '입빠이' 또는 '잇빠이'라는 말을 언제부터 사용했을까? 1965년 12월 17일자 『동아일보』에는 홍성원

---

256 박숙희 『우리말 속 일본말』 한울림, 1996, p.124.

의 <'더·데이'의 兵村>이라는 장편소설이 연재되고 있었는데 여기에서 '입빠이'가 '가득'이라는 뜻으로 쓰이고 있다.

그는 리시버를 내려놓고 맞은편 벽에 걸린 이급 비밀의 차트 앞으로 갔다. …… 그는 차트를 내리고 빈 의자에 앉아 담배를 꺼내 물었다. 최상사가 시계태엽을 감으며 그를 바라보았다.
"공민학교 짐두 상당히 많더군요?"
"많아."
"짐이 적으면 우리짐 좀 실어볼려구 가봤더니 한차 **입빠이**가 넘겠어요."[257]

1976년 7월 31일자 『조선일보』에 「오늘을 사는 智慧」에는 '잇빠이'가 나온다. 여기서는 '어떤 한도를 다할 때까지' 곧 '최대한'의 뜻으로 사용됐다.

國語淳化운동이 일어난 원인은 國語가 혼란 불순해졌기 때문이다. 그러면 얼마나 혼란하고 불순해 졌는가?
얼마전 택시를 타고 가는데 중도에서 정거하더니 내리란다. 까닭을 물으니
"엔진 죠시가 나빠서 더 못 갑니다"
얼마전 역시 택시 운전사에게서 들은 "뒤로 **잇빠이** 빠꾸"와 아울러 이건, 네 나라國語의 혼란의 例이구나하고 쓴 웃음을

---
257 『동아일보』(1965.12.17.) <'더·데이'의 兵村>

삼켰다.[258]

1982년 9월 21일자 『동아일보』에는 「생활 속의 日帝 잔재」라는 글이 연재되고 있었는데 다음과 같은 내용이 보인다. 여기에 보이는 '이빠이'는 '만취'라는 의미로 쓰이고 있다.

"그 친구 구찌빤찌 하나 알아줘야 되겠더군. 하야까시를 안 하나 히니꾸를 안하나 구사리를 안주나 그러다가 또 올렸다가 내렸다가 하면서 상대방을 가라마와리시켜놓곤 가이당을 슬쩍 내려가지곤 담배 한보루를 사다가 안겨놓고는 쇼부를 치는거야. 그 친구 술도 **이빠이**되었더라고 ……. 하여간 신마이는 아니야. 구세가 보통이 아니고 뗑깡이 이만저만이 아니더군. 놀랐다구"

이 말 속엔 13개의 日本말이 등장한다. ……[259]

'이빠이' 혹은 '입빠이' 또는 '잇빠이'라는 말이 언제부터 우리의 일상생활에서 침투했는지 명확하지 않지만 상당히 오래전부터 쓰였다고 추정된다.

일본어 'いっぱい(ippai)'에는 여러 가지 의미가 있지만 우리는 그 가운데 주로 '용기나 장소 등에 가득한 모양' 혹은 '한정된 범위의 한계점에 이르는 모양'의 의미로 주로 사용하고 있다. 달리 말하면

---

258 『조선일보』(1976.7.31.) 「오늘을 사는 智慧」
259 『동아일보』(1982.9.21.) 「생활 속의 日帝 잔재」

우리에게 잘 알려진 일본 작품에 구리 료헤이의 『우동 한 그릇』이 있는데 이 작품의 원작은 『一杯のかけそば(ippai no kakesoba)』다. 여기서 '一杯(いっぱい, ippai)'는 '한 그릇'의 의미다. 우리가 쓰는 '이빠이'에는 이와 같은 것은 없다.

그런데 우리가 발음하는 '이빠이' 혹은 '입빠이' 또는 '잇빠이'를 일본인은 잘 알아들을 수 있을까? 곧 일본어 'いっぱい(ippai)'로 이해할 수 있을까? 문맥의 전후 사정을 고려하면 이해할 수도 있겠지만 이해하지 못할 가능성도 충분히 있다.[260] 왜냐하면 '이빠이'는 3박(拍, mora)인 데 반해, 일본어 'いっぱい(ippai)'는 4박이기 때문이다. 이때 '박'은 음성의 상대적인 길이를 나타내는 단위인데 3박보다 4박이 더 길다. 다시 말하면 '이빠이'를 일본어로 표기하면 'いぱい(ipai)'가 된다. 'いっぱい(ippai)가 아니다. '이빠이'가 일본어 'いっぱい(ippai)'가 되기 위해서는 '입빠이' 혹은 '잇빠이'의 '입' 혹은 '잇'을 2박이 되도록 충분히 길게 장음과 같이 발음해 주어야 한다. 현대한국어는 장음과 단음의 구별을 명확히 하지 않기에 한국인 일본어학습자에게는 어려운 일본어 발음 가운데 하나가 바로 'いっぱい(ippai)'다. 'いっぱい(ippai)'의 일본어 발음을 '이빠이' 연습하지 않으면 안 되는 이유가 바로 여기에 있다. 이런 예는 '앗싸리'도 마찬가지다. '앗싸리'로 표기하고 발음하면 일본어 'あっさり(assari)'가 되지 않는다. '앗싸리'는 3박이지만 일본어 'あっさり(assari)'는 4박이기 때문이다.

---

260 일본인에게는 '이빠이'보다는 '입빠이' 혹은 '잇빠이'가 'いっぱい(ippai)'의 발음에 가까울 것이다.

'이빠이'라는 말이 일본어에서 유래했다는 것을 알면서도 왜 많은 언중이 지금까지 쓰고 있는 것일까? 그것은 '이빠이'라는 말의 경제성 때문이라고 생각한다. 풀어서 말하면 앞에서 이미 자세히 살펴봤지만 우리말로 '가득', '최대한' 등으로 말해야 할 때 '이빠이'라고 표현하면 되기 때문이다. 굳이 그때그때 다른 단어를 바꿔서 사용할 필요가 없기 때문이다.

'이빠이'는 '앗싸리'와 함께 일찍부터 순화의 대상이 된 말이다. 1947년생인 아버지는 요즘 '이빠이'라는 말을 '앗싸리' 버리시고 '이빠이' 대신에 '가득', '한껏', '많이'라는 표현을 사용하고 계실까?[261]

> 【이빠이】
> 첫째, 어떤 그릇이나 장소에 가득 들어차 있는 모양
> 둘째, 한도를 다한 모양을 가리키는 말

---

261 최근에 <다음 소희>(2023년 개봉작)라는 영화를 봤다. 고교 실습생을 주제로 하여 사회 문제를 다룬 영화였다. 이 영화 초반부에 주인공 소희는 고깃집에서 친구와 술을 마시면서 '이빠이'라는 말을 한다. '이빠이'의 생명력을 느끼게 하는 대사였다.

찌라시

【ちらし(散らし, chirasi)】 『광사원』[262]

첫째, 어지러뜨리는 것

둘째, 광고를 위해 뿌리는 인쇄물. 전단. 광고지

---

262 https://dic.daum.net/KOJIEN(검색일: 2022.10.26.)

대학생 때 신문 배달을 한 적이 있다. 당시 아버지가 모(某) 신문사 보급소를 경영했기에 일을 돕는다는 취지로 시작했다. 신문 배달에는 암기력이 필요했다. 신문을 잘 배달하기 위해서는 구독자의 집을 기억해야 했기 때문이다. 또한 체력도 필요했다. 신문에는 '반드시'라고 할 정도로 낱장의 광고지, 업계 용어로 말하면 '찌라시'(혹은 '지라시' 등으로 표기)[263]가 몇 개씩이나 있었기 때문이다. 그리고 신문에다가 '찌라시'까지 더해지면 신문의 무게가 꽤 나갔기 때문이다. 20대 초반이라서 그랬는지 암기력도 체력도 충분해서 신문 배달을 무사히 해낼 수 있었다.

일본에서 유학할 때도 신문 배달을 했다. 시급이 좋았기 때문이다. 한 시간에 1,000엔 정도였다. 우리 돈으로 환산하면 약 10,000원 전후였다. 신문 배달 경험이 있었기에 일본에서 하는 신문 배달도 그럭저럭 잘하는 편이었다. 하지만 체력이 좀 달렸다. 20대 후반이라서 그랬던 것이 아니다. '찌라시' 때문이었다. 신문에 '찌라시'가 붙는다는 것은 경험으로 알고 있었지만 일본은 좀 달랐다. '찌라시'의 분량이 한국 신문과는 비교가 되지 않을 정도로 많았다. 좀 과장해서 말하면 신문 분량만큼 '찌라시'가 많았다. 따라서 '찌라시'가 들어 있는 신문은 너무 무거웠다. 일본 유학 체험을 회상할 때마다 방대한 분량의 '찌라시'가 떠오른다.

박숙희는 『우리말 속 일본말』에서 '찌라시' 곧 일본어 'ちらし(散

---

263 국립국어원은 '찌라시'는 '지라시'로 표기해야 한다고 한다. 하지만 여기서는 관습대로 '찌라시'라고 적는다.
   https://www.korean.go.kr/(검색일: 2020.10.22.)

らし, chirasi)'[264]에 대해

　　동네의 영세업체나 음식점 등에서 낱장으로 광고 전단을 만들
어 가정에 전달하거나 직접 행인에게 나누어 주는 쪽지를 찌라시
라고 한다. 우리말 '선전지'나 '광고 꼭지'로 바꿔 쓰면 된다.[265]

고 말하면서 '찌라시'를 '선전지'나 '광고 꼭지'로 바꿔서 말하자고
한다.

　　황대권은 『빠꾸와 오라이』에서 '찌라시'를 전단[266]으로, 홍근은 『재
미로 읽어 보는 우리말 속의 일본어』에서 전단지[267]로 각각 순화하
자고 말한다.

　　우리가 '찌라시'라는 말을 쓰기 시작한 것은 상당히 오래된 것 같
다. 예컨대 일제강점기였던 1937년 10월 23일자 『동아일보』에는 다
음과 같이 '지라시'가 나온다.

　　消防具, 食料品等의 取扱店은 皇軍慰問品을 特選하야 이
慰問品을 中心으로, **지라시**, 가다로구(카탈로그. 인용자)를 作
成하든지[268] ……

264　'찌라시'의 어원으로 '(발행)부수'를 뜻하는 러시아어 '티라시'(тираж) 유래설
　　도 있지만 일본어 기원설이 더 설득력이 있다고 생각한다.

265　박숙희 『우리말 속 일본말』 한울림, 1996, p.129.

266　황대권 『빠꾸와 오라이』 도솔오두막, 2007, p.205.

267　홍근 『재미로 읽어 보는 우리말 속의 일본어』 북랩, 2019, p.264.

268　『동아일보』(1937.10.23.)

1971년 10월 26일자 『매일경제』에는 「日의 産業廣告」라는 기사가 있는데 여기에 '찌라시'라는 말이 나온다.

70년도의 媒介體別廣告費를 보면 1位가 新聞으로 …… 이밖에 DM, 屋外廣告등이 …… EXPO70관계로인한 교통廣告用성냥, 네온사인, 金融기관, 不動産業者들이 중심이된 **신문등에끼어넣는방법(통칭 찌라시)**등의 증가에 의한것이다.[269]

위 사용례를 살펴보면 우리가 쓰는 '찌리시' 혹은 '지라시'는 선전지나 광고지 혹은 전단지의 의미이다. 그런 측면에서 앞에서 이미 살펴본 일본어 'ちらし(散らし, chirasi)'의 의미와 같다고 볼 수 있다.

그런데 흥미로운 것은 요즘 우리는 선전지나 광고지 혹은 전단지의 뜻으로 '찌리시'나 '지라시'를 사용하기보다는 '확인되지 않은 정보' 혹은 '가짜 뉴스'라는 의미로 '찌리시'나 '지라시'를 더 많이 사용한다는 사실이다. 이때 '찌라시'는 부정적인 느낌으로 쓰인다.

우리가 쓰는 이런 '찌라시'의 어감에 대해 2020년 12월 1일자 『한겨레신문』도 다음과 같이 말한다.

'어지름, 흩뜨려 뿌림'이라는 뜻의 **일본어 '지라시', 일본에선 광고를 위해 배포하는 인쇄물, 전단지를 일컫는 데 쓴다. 의미도 그리 부정적이지 않다.** 잘게 썬 생선, 달걀 지단, 양념, 채소, 날치알 등을 흩뿌린 일본의 대표적 가정식 덮밥은 '지라시

---

269 『매일경제』(1971.10.26.) 「日의 産業廣告」

스시'다. 한국에서 지라시는 대부분 부정적 의미로 쓰인다. 믿
거나 말거나, 신뢰할 수 없는 정보를 담은 '삼류 정보지'를 칭
한다. 연예인, 재벌가의 연애, 추문이 주요 소재다.[270]

2014년 12월 7일자 『연합뉴스』에 따르면 박근혜 전(前) 대통령은
'비선 실세' 논란을 언급하며 불쾌함을 숨기지 않고 다음과 같이 말
했다고 전한다.

> <박근혜 / 대통령> "한 언론이 제대로 확인도 하지 않고 보
> 도를 한 이후에 여러 곳에서 터무니없는 애기들이 계속 나오고
> 있는데…"
> 박 대통령은 야당 등의 의혹 제기를 '**찌라시 수준**'으로 규정
> 했습니다.
> 근거 없는 '국정 흔들기'로 보고 있음을 내비친 겁니다.
> <박근혜 / 대통령> "**찌라시**에나 나오는 그런 이야기들에 이
> 나라 전체가 흔들린다는 것은 정말 대한민국이 부끄러운 일이
> 라고 생각합니다."
> 그러면서 "여당이 중심을 잡아달라"고 당부했습니다.[271]

위 인용문에서 알 수 있듯이 박근혜 전 대통령은 '비선 실세' 논란

---

270 『한겨레신문』(2020.12.1.) 「'지라시'도 가끔은 진실을 말한다」
271 『연합뉴스』(2014.12.7.) 「박 대통령 "찌라시 애기에 나라 전체 흔들, 부끄러운
일"」

을 확인도 되지 않은 '찌라시 수준'이라고 말한다. 이때 '찌라시'는 단순히 전단지를 의미하지 않는다. '출처도 불분명한 말도 되지 않은 저급한 정보'의 비유로 '찌리시'라는 표현을 쓰고 있다.

또한 최근에 모(某) 증권사가 주식 소액투자자를 위한 맞춤형 서비스를 제공하면서 내건 광고도 '찌라시'의 의미를 생각하는 데 도움이 된다. 이 광고에는 다음과 같은 문구가 있다.

> 월 1만원으로 개미지옥에서 탈출하는 법 — "친구도, 유튜브도, **찌라시도 따라하지 마라!**"[272]

이와 같은 함의가 있는 '찌리시'에 대해 2014년 12월 8일자 『아시아경제』는 아래와 같이 잘 정리하고 있다.

> **대개 확인되지 않은 내용을 담은 정보지**를 일컫는 지라시는 정치권과 증권가[273], 연예계에 몸담은 관계자들이 생산하는 것으로 알려져 있다. **지라시**를 생산하는 쪽이나 유포하고 공유하는 쪽에서 '믿거나 말거나 성' 정보라는 뜻을 더해 '**찌라시**'라는 용어를 많이 사용하면서 순화어가 그 뜻을 대체하지 못하고

---

272 『한겨레신문』(2020.10.27.) 「월 1만원으로 개미지옥에서 탈출하는 법」

273 예를 들어 천규승의 『부자아빠가 없다면 금융공부부터 해라』에 "동일한 내역으로 구성된 펀드라 하더라도 펀드매니저의 성향과 상황 판단 능력 등 운용 역량에 따라 수익률이 달라진다. 증권가 **찌라시** 등으로 흘러 다니는 정보에 현혹되지 말고, 실적 정보에만 관심을 두면 절반 이상은 성공한다"와 같이 증권가 '찌라시'라는 표현이 나온다.
천규승 『부자아빠가 없다면 금융공부부터 해라』 대성, 2016, p.136.

있다. '단순 광고 선전지'를 넘어서 '사실이 아닌 낭설로 판명될 수도 있다'는 뜻을 담아 유통되기 때문이다.[274]

'찌라시'가 일본어 'ちらし(散らし, chirasi)'에서 유래한 것은 분명하다. 하지만 그 의미와 쓰임에서 차이점을 보인다. 다시 말하면 우리가 쓰는 '찌라시'에는 일본어 'ちらし(散らし, chirasi)'에는 없는 '출처도 불분명한 말도 되지 않은 저급한 정보'나 '확인되지 않은 정보' 혹은 '가짜 뉴스'라는 의미가 담겨 있다. 일본어 'ちらし(散らし, chirasi)'의 의미가 우리 언중에 의해 그 의미가 확대 변용됐다고 볼 수 있다. '찌라시'는 일본어 'ちらし(散らし, chirasi)'가 아니다. 이미 귀화어가 되어 우리말이 됐다고 봐도 좋지 않을까.[275]

【찌라시】

첫째, 선전지, 전단지, 광고지

둘째, 확인되지 않은 정보

셋째, 가짜 뉴스

---

274 『아시아경제』(2014.12.8.) 「'찌라시' 아닙니다, '지라시'입니다」

275 2021년 12월 16일자 『한겨레신문』에는 「조동연 사생활 논란과 나」라는 글이 실렸다. 여기에 '찌라시'가 나오는데 '찌라시'와 SNS에 그에 관한 기사가 실린다고 한다. '찌라시'라는 용어의 생명력을 느끼게 한다.
『한겨레신문』(2021.12.16.) 「조동연 사생활 논란과 나」

제2장

일본식 외래어

뎀뿌라

【テンプラ(天麩羅, tenpura)】 『광사원』[276]
포르투갈어인 tempero(조미료)에서 유래했다고도 함
첫째, 어패류나 야채 등에 밀가루를 입혀 기름으로 튀긴 요리
둘째, 도금한 것
셋째, 겉만 번지르르한 것. 가짜. テンプラ学生(tenpura gakusei)
가짜 학생

---

276 新村出編『広辞苑 第5版』岩波書店, 1998, p.1861.

롤랑 바르트는 『기호의 제국』에서 일본문화론적 측면에서 '뎀뿌라(덴푸라)'를 특정한 테두리가 없는 틈, 곧 텅 빈 기호라고 명명한다.

덴푸라는 기독교(포르투칼)에서 유래한 요리라고 한다. 원래 사순절(tempora)의 음식이었으나 해체와 면제라는 일본인의 기술로 세련되어진 이 요리는 이제 또 다른 시간을 위한 음식이 되었다. 덴푸라는 단죄와 속죄의 의식이라기보다는 일종의 명상이며 영양적일 뿐만 아니라(덴푸라가 우리 눈앞에서 조리된다는 의미에서) 눈요기가 되며, 이 요리에 부득이하게 이름을 붙여야 한다면(아마도 내용에 집착하는 우리의 고정관념에 따라) 가볍고 공기 같고 즉흥적이며 부서지기 쉽고 투명하고 신선하고 사소한 것이라고 부를 수 있겠지만, 이 요리의 진정한 이름은 테두리가 없는 틈, 다시 말해서 텅 빈 기호다.[277]

그런데 초등학생이었던 나에게 '뎀뿌라(덴푸라)'는 불량식품이기는 하지만 맛있는 간식이었고, 값싼 반찬이기는 하지만 나에 대한 어머니의 사랑이 느껴지는 반찬이었다.

초등학교에 다닐 때였다. 학교 근처에는 문방구가 있었다. 여기는 아이들의 로망이었다. 이 세상에 없는 것은 빼고 모든 것이 다 있는 것 같았다. 항상 아이들로 북적거렸다. 문방구인데도 이곳에서는 기름에 튀긴 고구마, 오징어, 야채 등도 팔았다. 튀김 요리였는데 가게 아주머니와 초등학생들은 이것을 '뎀뿌라(덴푸라)'라고 불렀다.

---

277 롤랑 바르트 『기호의 제국』 웅진씽크빅, 2008, p.39.

집에서 멀리 떨어지지 않은 곳에는 재래식 시장이 있었다. 저녁 식사를 준비하던 어머니는 나에게 "니가 좋아하는 뎀뿌라 좀 사올래?"라고 심부름시키곤 했다. 이때 '템뿌라'는 앞에서 언급했던 튀김 요리가 아니라 생선의 살을 갈아서 만든 '어묵'을 가리킨다. 그리고 '템뿌라'가 어묵을 의미할 때는 '템뿌라'를 '오뎅'이라고 부르기도 했다. 결국 초등학교 시절 내가 사용했던 '템뿌라'라는 말은 튀김 요리와 어묵을 의미했지만 어묵을 뜻할 때는 '템뿌라' 대신에 '오뎅'이라고도 부를 수 있었다.

국립국어원『표준국어대사전』에 따르면 '뎀뿌라' 혹은 '덴푸라'는 조미료를 의미하는 포르투갈어 tempero에서 유래했고[278], '튀김'으로 순화해야 한다고 나와 있다.[279] 또한 국립국어원이 제공하는 『우리말샘』은 '뎀뿌라'를 "생선이나 고기, 야채 따위를 밀가루에 묻혀서 기름에 튀긴 음식"이라고 정의하고 있다.[280]『우리말샘』이 말하는 '뎀뿌라'는 곧 어묵을 가리킨다고 볼 수 있다.

『우리말샘』이 가리키는 '뎀뿌라'의 정의는 2015년 12월 6일자 『부산일보』의 기사에서도 확인할 수 있다.

어묵의 별칭은 많았다. 일제강점기 일본서 '가마보코(생선묵)'가 부산에 들어왔다. …… 광복과 한국전쟁 이후 어묵의 주

---

278 이 밖에도 중국 유래설, 아부라(あぶら, abura) 유래설이 있다. '뎀뿌라'의 한자는 천부라(天麩羅)인데 이것을 일본어로 '아부라'라고 읽을 수 있기 때문이다.
　　　오쿠보 히로코 저·이언숙 역『에도의 패스트푸드』청어람미디어, 2004, p.29.

279 https://stdict.korean.go.kr/search/searchView.do(검색일: 2020.10.29.)

280 https://dic.daum.net/(검색일: 2020.10.29.)

소가 달라진다. 저들의 가마보코가 아니라 한국 사람들의 어묵이 차차 만들어졌다. 처음에는 생선의 내장 머리 몸통 구분하지 않고 막 갈았다. 먹을 게 없었던 헐벗었던 그 시절, 몸통을 넣었는지도 알 수 없었다. 부산 원도심의 시장에서 '막갈이'로 만든 재료를 밀가루 반죽을 해서 반으로 자른 드럼통에 전갱이 · 정어리 기름이나 고래 기름을 넣고 튀겨냈다. **그렇게 튀겨낸 어묵을 '뗀뿌라'라고 불렀다. 뗀뿌라는 '튀김'이란 뜻인데 알 수 없는 재료를 젖혀 놓고 튀겨냈다는 방식만 앞에 내세운 이름이다. 부산어묵이 굶주린 시대를 힘겹게 껴안고 태어나던 순간이었다.**[281]

그런데『표준국어대사전』과『우리말샘』그리고『부산일보』기사를 종합해봐도 '뗀뿌라'가 어묵을 가리킬 때 '뗀뿌라'를 '오뎅'이라고 부를 수 있다는 설명은 없다. 물론 이때 '오뎅'은 여러 가지 어묵과 함께 무, 곤약 등을 넣어 만든 국물 요리인 일본어의 'おでん(oden)'이 아니다. 'おでん(oden)' 요리에 들어가는 재료의 하나인 어묵을 가리킨다.

한편 우리는 '뗀뿌라'를 '가짜'라는 뜻으로도 사용했다. 지금은 거의 쓰지 않는 의미이지만 우리가 알고 있는 '뗀뿌라'의 용법과 사뭇 다르다. 예컨대 일제강점기였던 1932년 3월 5일자『조선일보』에는

名譽心 權力慾等의 野卑한衝動에서 名士니 志士니 思想

---

[281] 『부산일보』(2015.12.6.)「밀물썰물: 어묵 DNA 감식」

家니 學者니하는看板을걸고 盲目的大衆에게는 自負와 驕慢

을가지고 同年間에는 嫉妬와 憎惡로일삼는 '**뎀뿌라**'學徒 又

學問을 消日꺼리로삼는 '小뿌르죠아'靑年紳士[282]

와 같은 기사가 실려 있다. 여기에 나오는 '뎀뿌라' 학도(學徒)의 '뎀
뿌라'는 '가짜'를 의미하고, 이 '뎀뿌라' 학도는 동료 간에 질투와 증
오를 일삼는다고 한다.

또한 1938년 3월 6일자『동아일보』에는 다음과 같은 기사도 실렸
다. 여기서는 도금한 가짜 금시계를 '뎀뿌라' 금시계로 불렀다는 것
을 확인할 수 있다.

假金時計註文 시골뚝이에게 팔아

순금의 그림자가 사라진것을기회로 一확천금의 대계를 새
워 가짜금시게를 다량수입하여다가 금시게로 팔아먹든 二명
이 四일 종로서에 붙들럿다. 이자들은 …… 二월중순 대판(大
阪) 모처로부터 '**뎀뿌라**'금시계 五十개를 주문하여다가 화신
앞에서 시골뚝이를 물색하야 五원내지十원에 팔아오다가 四
일 종로서원에서 붙들럿다.[283]

이상과 같이 우리가 썼던 '뎀뿌라'에는 가짜와 도금이라는 의미가
있었기에 김한배도『우리말을 좀먹는 우리말 속의 일본말』에서 '뎀

282 『조선일보』(1932.3.5.) 「'인테리겐챠'論」
283 『동아일보』(1938.3.6.) 「假金時計註文 시골뚝이에게 팔아」

뿌라’를 “튀김. 겉만 그럴듯하게 도금(淘金)한 것. 속어로 가짜라는
말 등의 뜻을 가진 말이다”라고 설명했던 것이다.[284]

그런데 언제부터인가 우리 사회에서 ‘뎀뿌라’의 여러 의미 가운데
도금이나 가짜라는 의미는 사라졌다. 그런데 1995년에 국립국어연
구원이 편찬한 『남북한 외래어 비교 연구』에 따르면 북한에서는 ‘뎀
뿌라’에 튀김이라는 의미와 함께 엉터리라는 의미도 있다고 한
다.[285] 그리고 용례로 ‘뎀뿌라 시계’를 들고 있다. 북한에서는 ‘뎀뿌
라’에 도금이나 가짜라는 뜻이 살아남아 있다.

앞에서 제시했듯이 일본어 ‘テンプラ(tenpura)’에는 어패류나 야
채 등에 밀가루를 입혀 기름으로 튀긴 요리라는 의미와 함께 도금 그
리고 가짜라는 뜻이 있다. 그리고 일본어 ‘テンプラ(tenpura)’는 일제
강점기에 식민지 조선에 들어와서 ‘뎀뿌라(덴푸라)’로 표기되었다.
여기서 주목하고 싶은 것은 우리가 사용했던 ‘뎀뿌라(덴푸라)’의 의
미다.

이미 앞에서 자세히 살펴봤지만 유입 초기 ‘뎀뿌라(덴푸라)’는 일
본어 ‘テンプラ(tenpura)’의 의미대로 튀김 요리나 도금 그리고 가짜
를 뜻했다. 그러나 점차 도금이나 가짜라는 의미는 사라지고 그 대신
새로운 의미가 추가됐다. 어묵을 가리키게 됐고, 어묵을 뜻할 때는
‘템뿌라’ 대신에 ‘오뎅’이라고도 불렀다. 물론 이때 ‘오뎅’은 앞에서
이미 언급한 대로 국물이 있는 요리인 ‘오뎅’이 아니라 요리의 재료
인 어묵이다. 이처럼 일본에서 유래한 ‘뎀뿌라’는 한국 사회에 그냥

---

284 김한배 『우리말을 좀먹는 우리말 속의 일본말』 동언미디어, 2006, p.101.
285 국립국어연구원 편 『남북한 외래어 비교 연구』 국립국어연구원, 1995, p.124.

이식되지 않고 스스로 진화하는 모습을 보인다. 앞서 인용한『부산일보』의 기사에서도 알 수 있듯이 '뎀뿌라(덴푸라)'는 우리의 어려웠던 시절을 상징하는 대표 음식 가운데 하나라고 생각한다.

> **【뎀뿌라】**
>
> 첫째, 어패류나 야채 등에 밀가루를 입혀 기름으로 튀긴 요리
>
> 둘째, 어묵
>
> 셋째, (어묵의 의미일 때)오뎅

레지

【レジ(regi)】 『광사원』[286]

「レジスター」(register)의 준말

【レジスター(register)】 『광사원』[287]

첫째, 기록. 등록. 등록부

둘째, 자동 금전 등록기. 금전계산기

셋째, 음식점·상점 등에서 손님이 금전을 지불하는 장소.
또는 그곳에 있는 담당자. 현금출납계

---

286 https://dic.daum.net/KOJIEN(검색일: 2022.11.8.)
287 https://dic.daum.net/KOJIEN(검색일: 2022.11.8.)

나에게 '레지'라는 말은 항상 다방과 연결된다. 그리고 나는 상상한다. 짙은 화장을 하고 자칭 혹은 타칭 '사장님'이라고 하는 사람들과 수다를 떨고는 있는 '레지'의 모습을. 혹은 좀 오래된 영화를 보는 듯하지만 복덕방에서 화투를 치고 있는 '사장님들'에게 커피를 배달하는 '레지'의 모습을.

'레지'에 대한 나의 기억이 틀렸거나 독특한 것이 아니라는 것은 문화심리학자인 김정운의 기억에서도 확인할 수 있다. 그는 『남자의 물건』에서 '레지'의 모습을 다음과 같이 그리고 있다.

> 옛날 시골 다방에서 쌍화차 한 잔 시켜놓고 어떻게든 '**레지 아가씨**' 손 한번 만져보려던 할아버지들의 모습……[288]

이와 같은 의미와 쓰임을 보이는 '레지'에 대해 박숙희는 『우리말 속 일본말』에서 다음과 같이 자세히 언급하고 있다.

> 다방에서 일하는 여종업원을 가리키는 '레지'라는 말은 본래 영어 레지스터(register)에서 온 말로서 기록, 등록, 금전등록기를 뜻하는 말이다. 다방에서 손님을 모시고 주문을 기록하는 것이 여종업원의 주요 활동이기 때문에 그들이 하는 일을 금전등록기에 비유해서 부르기 시작한 것이 그 어원이다. 다방이 먼저 들어온 일본에서 생겨나 우리나라까지 건너온 말인데, 사람을 금전등록기에 비유한 것으로 보나, 어감으로 보나 당사자에

---

288 김정운 『남자의 물건』 21세기북스, 2012, pp.18-19.

게 모욕감을 주는 말이므로 호칭으로 쓸 말은 아니다.[289]

　나와 김정운의 기억 그리고 박숙희의 서술에서 알 수 있듯이 '레지'는 '다방'과 밀접한 관련이 있다. 그래서 그런지 '레지'는 보통 '다방 레지'라고도 불렸다.[290] '레지'와 '다방'의 관련은 강준만·오두진이 『고종 스타벅스에 가다-커피와 다방의 사회사』에서 다방은 마담과 '레지'[291]로 구성된다는 지적에서도 알 수 있다.

　그런데 '레지'라는 말은 언제부터 쓰였을까? 강준만·오두진은 『고종 스타벅스에 가다－커피와 다방의 사회사』에서 '레지'의 탄생은 한국의 고도 경제성장 시기와도 중첩되는 것 같다고 지적한다. '레지' 가운데에는 취업을 위해 상경한 젊은 아가씨가 많았다[292]는 데서도 엿보이기 때문이라고 한다. 하지만 한국전쟁기에 이미 '다방 레지'라는 사용례가 있다는 것을 보면 그 시기를 좀 더 거슬러 올라갈 수 있다고 생각한다. 예컨대 1952년 1월 28일자 『경향신문』의 「여성싸롱」에는 다음과 같은 기사가 실려 있다.

　【問】 나는 여학교 三년생이었는데 부모일가도없는 고아입니다 할수 없어서 지금부산○○다방에서 '**레지－**'를 맡보고있

289　박숙희 『우리말 속 일본말』 한울림, 1996, p.270.

290　『조선일보』(1972.6.22.) 「다방레지 살인, 범인 투신 자살」

291　강준만·오두진 『고종 스타벅스에 가다－커피와 다방의 사회사』 인물과사상사, 2005, p.71.

292　강준만·오두진 『고종 스타벅스에 가다－커피와 다방의 사회사』 인물과사상사, 2005, p.116.

는데 'A'라는 남자와 'B'라는 남자가 '프로포'하고 있습니다 앞으로나자신을걷잡을수없는무서움이닥처올것같은 예감이도 는데 이를어찌하였으면좋겠습니까(金)[293]

위 인용문에는 부산의 모(謀) 다방에서 '레지'로 일하는 여성이 두 남자에게서 프러포즈를 받고 어떻게 하면 좋을지를 신문에 묻고 있다. 인생 상담을 청하고 있는 것이다. 이 밖에도 1952년도 신문 기사에 '다방 레지'가 적지 않게 등장하는 것으로 보아 이 사용례의 역사가 1950년대 이전으로 거슬러 올라갈 수 있음을 짐작할 수 있다.

그렇다면 우리가 쓰는 '레지'라는 말은 어디서 왔을까? 앞에서 자세히 살펴봤듯이 박숙희는 '레지'라는 말은 영어 register 곧 기록, 등록, 금전등록기를 뜻하는 말이었는데, 일본에서는 사람을 금전등록기에 비유해서 'レジ(regi)'라고 불렀고, 그것이 우리에게 넘어왔다고 말한다.

이처럼 박숙희는 우리가 쓰는 '레지'의 어원이 일본어 'レジ(regi)'에서 왔다고 말하는 데 반해 홍근과 황대권은 '레지'가 영어 lady에서 유래했다고 말한다. 홍근은 『재미로 읽어 보는 우리말 속의 일본어』에서 '레지'의 유래 중에는 숙녀를 뜻하는 영어 lady도 있다고 소개한다. 그는 일본에서 영어 lady를 'レージ(reigi)'라고 썼다는 것이다. 곧 커피를 테이블까지 가져다주는 직원이 말쑥하게 차려입은 여성이다 보니 거기에서 유래되었다고 말한다.[294] 또한 황대권도 『빠꾸

293 『경향신문』(1952.1.28.) 「여성싸롱」
294 홍근 『재미로 읽어 보는 우리말 속의 일본어』 북랩, 2019, p.119.

와 오라이』에서 '레지'가 영어 lady에서 왔다고 한다.[295] 그러나 영어 lady는 일본어로 'レディー'로 표기하기에 '레지'가 영어 lady에서 유래했다는 설은 이해하기 어렵다. '레지'의 어원은 일본어 'レジ(regi)'라고 생각하는 것이 타당하다고 생각한다.

그런데 박숙희는 우리가 쓰는 '레지'의 의미 곧 다방 여종업원이라는 의미가 일본어 'レジ(regi)'에서 유래했다고 말한다. 그러나 그렇지 않다고 생각한다.

'일본식 외래어'인 '레지'에 대해 한국에서 일본학과 교수로 재직했던 일본인 사이토 아케미는 흥미로운 말을 하고 있다. 한국에서 의미하는 '레지'가 정작 일본에는 없다는 것이다. 좀 길기는 하지만 그의 말을 들어보자. 인용문은 사이토 아케미 교수가 제자에게 일본에서 했던 자신의 아르바이트 체험을 소개하는 부분이다.

"선생님의 대학시절 얘기 좀 해주세요."

"대학생 때, 아르바이트 하셨던 적 있으세요?"

나는 대학시절에 아르바이트로 번 돈을 생활비와 장학금으로 조달했다.

"해봤죠. 가정교사, 접시 닦기, 선거 보조원, 여행 안내, 초등학교 당직, 이불 짐 점원. 그리고 **레지**도……"

그러자 학생들은

"예에? **레지**라고요? 한국에서는 대학생들은 그런 일 안 합니다. 선생님이 정말 **레지**를 하셨던 말이에요?"

---

295 황대권 『빠꾸와 오라이』 도솔오두막, 2007, p.214.

남학생들이 싱글싱글 웃고 있는 게 마음에 걸리긴 했지만, 슈퍼의 **레지** 아르바이트가 그렇게 이상한 걸까?

"한국에서는 **레지**를 보는 아르바이트는 대학생들이 하는 아르바이트가 아닌가요?"

"예, 레지는 한국에서는 좋은 말이 아닙니다. 예를 들면 다방(찻집)에 전화를 해서 커피를 배달시키면 레지가 커피를 가지고 오는데, 이 레지는 커피를 주문한 중년아저씨들 말상대를 합니다."[296]

그의 말에 따르면 일본어 'レジ(regi)'에는 '다방 여종업원'이라는 의미가 없다는 말이다. 이런 사실은 일본어사전에 나와 있는 'レジ(regi)'의 의미와 쓰임을 살펴봐도 잘 알 수 있다. 이미 인용했지만 일본어사전에서 'レジ(regi)'는 음식점이나 상점 등에서 손님이 돈을 내는 장소 곧 계산대에서 계산을 담당하는 역할을 하는 사람을 가리키는 말이다. 이처럼 일본어 'レジ(regi)'에는 커피 등을 나르는 여자 종업원이라는 의미는 없다. 이런 의미로 쓰이는 일본어는 'ウエートレス(waitress)'이지 레지스터(register)의 'レジ(regi)'가 아니다. 따라서 일본어 '레지'에 "다방 같은 곳에서 커피 등을 나르는 여종업원"[297]의 뜻이 있다고 말하는 홍근의 지적도 잘못됐다.

이처럼 우리가 쓰는 '레지'는 '일본식 외래어'인 'レジ(regi)'에서

---

296 사이토 아케미 저·김지은 역 『아케미 교수의 한국견문록』 지식여행, 2003, p.131.

297 홍근 『재미로 읽어 보는 우리말 속의 일본어』 북랩, 2019, p.120.

온 것은 사실이지만 그대로 유입되지 않았다. 다시 말하면 영어 register의 의미 가운데 '등록 담당자 혹은 등기 계원'이라는 것이 일본어에서는 '음식점이나 상점 등에서 손님이 돈을 지불하는 장소에서 일하는 현금출납 담당자'로 된 후, 다시 우리말에서는 '다방 같은 곳에서 커피 등을 나르는 여자 종업원'으로 그 의미가 변용됐다고 추정된다. 그런 의미에서 우리가 쓰는 '레지'는 일본어 'レジ(regi)'도 아니고 영어 register도 아니다.

박숙희는 앞에서 인용했던 『우리말 속 일본말』에서 '레지'를 '여종업원'[298]으로 순화하자고 말했다.[299] 흥미로운 것은 그의 주장 덕분이 아니라 스타벅스와 같은 전문 카페의 등장으로 '레지'라는 말은 사어(死語)가 되어 가고 있다는 사실이다. 침침한 분위기의 건물 지하에 있었던 다방과 함께 말이다. 그리고 스타벅스에서는 '레지'라는 말 대신에 '제니(jenny)' 같은 영어식 이름을 쓰는 점원이 계산대에서 손님을 맞이하고 있다.

> **【레지】**
> 다방에서 일하는 여종업원. 다방 레지

---

298 박숙희 『우리말 속 일본말』 한울림, 1996, p.270.
299 영화 <목포는 항구다>(2004)에도 나오듯이 전라도 지방에서는 '레지'를 '오봉'이라고 부르기도 한다. '오봉(お盆, おぼん, obon)'이라고 한 것은 커피를 조그만 쟁반(일본어 '오봉')에 담아 배달하는 것과 연관됐다고 생각한다.

미싱

【ミシン(misin)】 『광사원』[300]

영어 sewing machine을 일본식으로 줄여서 부른 말

첫째, 재봉틀. 직물·종이·가죽 등을 박는 기계. 손으로 돌리거나, 다리로 밟거나, 전동식이 있다

둘째, (종이의 절취선 등으로 뚫는)점선상의 구멍

---

300 https://dic.daum.net/KOJIEN(검색일: 2022.11.9.)

우리 집에서 바느질하는 사람은 아내가 아니다. 바로 나다. 일본인 아내는 마음에 드는 재봉틀이 없어서 바느질하지 않는다고 강변하지만 나는 그 말을 반은 믿고 반은 믿지 않는다. 재봉틀까지는 아니라고 하더라도 간단한 바느질도 아내는 하지 않기 때문이다. 내가 생각하기에 아내가 바느질하지 않는 것은 바느질이 자신의 성격에 맞지 않기 때문이라고 생각한다. 바느질하려면 꼼꼼해야 하고 주의 깊어야 한다. 그렇지 않으면 바늘에 찔릴 위험이 너무 크기 때문이다. 따라서 나는 아내가 바느질하지 않는 것이 차라리 안심된다. 적어도 사고는 치지 않으니까.

나는 바느질을 좋아한다. 내 성격에 맞기 때문이다. 또한 바느질로 구멍 난 양말이 신을 수 있는 양말로, 찢어진 옷이 입을 수 있는 옷으로 변해가는 과정을 보는 것이 너무 좋다. 내가 설거지를 좋아하는 이유도 비슷하다. 더러워진 것이 깨끗해지는 과정이 보기 좋다. 상쾌함마저 느낀다.

내가 바느질을 좋아하게 된 것은 모두 어머니의 영향 때문이다. 어머니는 손 솜씨가 좋으셨다. 그래서 바늘로, 재봉틀로 부업까지 하셨다. 어릴 적부터 그 모습을 옆에서 지켜본 나는 어머니가 너무 멋있어 보였다. 특히 재봉틀을 발로 그리고 손으로 돌리면서 하시는 작업은 예술에 가까웠다. 어머니 손을 거치면 천 조각이 멋진 옷으로 변했기 때문이다. 지금도 기억에 남는 것은 초등학교 때 어머니가 직접 만들어주셨던 옷이다. 아동용 신사복이었기 때문이다.

이처럼 어머님이 직접 옷을 만들어주셨던 것에는 경제적 어려움과 함께 아들에게 뭔가 특별한 것을 해주고 싶다는 모정이 있었기 때문이라고 생각한다. 우리나라에서는 현재 이런 부모님의 모습[301]이 많이 사라졌지만 일본에서는 아직도 남아 있다. 안민정은『일본 엄마의 힘』에서

일본에서는 여성이 임신을 하면 축하 선물로 재봉틀을 선물한다. 아이가 어느 기관(예컨대 유치원이나 초등학교. 인용자)에 속하자마자 시작되는 규격화한 준비물(예를 들면 작은 가방이나 에코백 등. 인용자)을 만들기 위해서다. 아무리 재봉에 관심이 없는 사람이라도 '아이한테는 엄마가 직접 만들어주는 것이 제일 좋다'라는 사회분위기가[302]

강하다고 말한다.

어머니가 아끼는 가재도구 가운데 최고는 역시 재봉틀이었다. 그런데 어머니는 재봉틀을 '미싱'이라고 하셨다. 그리고 쓰고 계셨던 '미싱'을 자랑하셨다. '이 미싱은 일제라서 그런지 수십 년을 썼지만 전혀 망가지지 않는다'는 말씀도 잊지 않으셨다. 그때 알았다. '미싱'이 재봉틀이라는 의미이고, '미싱'은 일본어라는 것을.

그럼 우리는 언제부터 '미싱'이라는 말을 썼을까? 일제강점기였던 1924년 6월 20일자『조선일보』에 실린 「공갈범의 고보교유(高普教諭)」에는 다음과 같은 내용이 나온다.

---

301 적어도 1990년대 말까지는 남아 있었다. 예를 들어 1998년 5월 27일자『매일경제』 기사에는 '알뜰주부 부업 교실 인기'라는 제목으로 주부들이 배워두면 실생활에 유용하면서도 생활비를 아낄 수 있는 것으로 재봉틀 곧 '미싱'을 들고 있다.

302 안민정『일본 엄마의 힘』황소북스, 2015, p.24.

시내 명동(貞洞)에잇는 '싱거, **미싱**'회사만션본부(滿鮮本
部)의 대표자로잇는'리차드'씨에게엇더한자가 돈을내이라고
공갈한사실이 잇셔서 기간혐의자를 셔대문경찰셔에 인치하고
취됴하든중······303

위 인용문은 미국의 재봉틀회사인 '싱거 미싱'회사의 대표가 누군
가로부터 공갈을 당했다는 내용이다. 이 기사를 보면 우리가 '미싱'
이라는 용어를 상당히 일찍부터 사용했다는 것을 알 수 있다. 하지
만 우리 부모 세대에게는 '미싱'하면 '싱거 미싱'이 아니라 일본의
'미싱' 회사인 브라더(brother)가 만든 '브라더 미싱'이라고 생각한
다. 지금은 옛날이야기가 됐지만 부모 세대에서 전기밥솥 하면 일본
의 '코끼리표(象印, zouzirusi)'였던 것처럼 말이다.

잘 알려져 있듯이 재봉틀을 의미하는 '미싱'은 영어 sewing machine
의 일본어 발음인 'ツーイング・マシン'의 영어 machine(マシン)에
서 왔다고 한다. 곧 마싱(マシン, masin)이 미싱(ミシン, misin)으로
변한 후 우리에게 '미싱'으로 정착한 것이다. 박숙희는 『우리말 속
일본말』에서 일본인이 영어 sewing machine의 영어 발음을 잘하지
못해서 이것을 '미싱(ミシン, misin)'이라고 발음하게 됐다고 한
다.304 그러나 그런 사정보다는 일본인은 외래어를 만들 때 축약하는
경향이 있다는 것이 sewing machine을 '미싱(ミシン, misin)'으로 발
음하게 했다고 생각해야 하지 않을까? 여하튼 '미싱(ミシン, misin)'

---

303 『조선일보』(1924.6.20.) 「공갈범의 고보교유(高普敎諭)」
304 박숙희 『우리말 속 일본말』 한울림, 1996, p.276.

처럼 일본식 영어 발음에서 온 말이 우리의 일상생활에 정착한 예는 적지 않다. 그중에서 대표적인 표현이 자동차가 후진할 때 쓰는 '오라이'라는 말이다. '좋다'라는 의미로 쓰이는 '오라이'는 영어 표현 **all right**의 일본어 발음인 'オーライ(oorai)'에서 왔다. 8년 가까이 일본에서 유학했을 때, 일본인이 말하는 '오라이'라는 말을 수없이 들었다. 이 말을 들을 때마다 정겹다고 해야 할지, 슬프다고 해야 할지 잘 몰랐던 20대 후반의 나의 모습이 떠오른다.

그런데 웬일인지 모르겠지만 '미싱'이라는 말은 내 뇌리에 강하게 각인되어 있다. 지금은 잊힌 박노해 시인의 『노동의 새벽』에 나오는 <시다의 꿈>이라는 시(詩) 때문이다.

<시다의 꿈>
긴 공장 의 밤
시린 어깨 위로
피로가 한파처럼 몰려온다

드르륵 득득
미싱을 타고, 꿈결 같은 **미싱**을 타고
두 알의 타이밍으로 철야를 버티는
시다의 언 손으로
장미빛 꿈을 잘라
이룰 수 없는 헛된 꿈을 싹뚝 잘라
피 흐르는 가죽본을 **미싱대**에 올린다

끝도 없이 울린다

......305

또한 1989년에 '노래를 찾는 사람들'의 제2집에 수록된 <사계>에
나오는 '미싱' 때문이라고 생각한다.

1절 봄

빨간 꽃 노란 꽃 꽃밭 가득 피어도

하얀 나비 꽃 나비 담장 위에 날아도

따스한 봄바람이 불고 또 불어도

미싱은 잘도 도네 돌아가네

2절 여름

흰구름 솜구름 탐스러운 애기구름

짧은 샤쓰 짧은 치마 뜨거운 여름

소금땀 비지땀 흐르고 또 흘러도

미싱은 잘도 도네 돌아가네

저 하늘엔 별들이 밤새 빛나고

3절 가을

찬바람 소슬바람 산 너머 부는 바람

간밤에 편지 한 장 적어 실어 보내고

---

305 박노해『노동의 새벽』풀빛, 1984, p.75.

낙엽은 떨어지고 쌓이고 또 쌓여도
미싱은 잘도 도네 돌아가네

4절 겨울
흰 눈이 온 세상에 소복소복 쌓이면
하얀 공장 하얀 불빛 새하얀 얼굴들
우리네 청춘이 저물고 저물도록
미싱은 잘도 도네 돌아가네
공장엔 작업등이 밤새 비추고

5절 다시 봄
빨간 꽃 노란 꽃 꽃밭 가득피어도
하얀 나비 꽃 나비 담장 위에 날아도
따스한 봄바람이 불고 또 불어도
미싱은 잘도 도네 돌아가네
미싱은 잘도 도네 돌아가네
미싱은 잘도 도네 돌아가네[306]

이 노래의 리듬은 경쾌하다. 하지만 노래 가사에서는 노동자의 고단함과 소외감이 느껴졌다.

일본어에서 유래한 '미싱'을 재봉틀로 순화하는 것은 좋다고 생각한다. 따라서 박노해의 시와 '노래를 찾는 사람들'의 노래에 나오는

---

306 https://www.youtube.com/(검색일: 2020.9.7.)

'미싱'을 재봉틀로 바꿔 쓸 수 있다. 하지만 그렇게 해버리면 이들 시와 노래에 담긴 '미싱'의 어감은 사라지고 만다. '미싱'이 당대의 사회상을 반영하고 있기 때문이다.[307]

'미싱'이라는 단어가 나에게 깊게 각인되어 있었던 것은 그 말속에서 어머니의 고단함을 느꼈기 때문일지 모른다. 지금도 부모님 댁에는 그때의 '미싱'이 있다. 이번 추석에는 확인해보고 싶다. 지금도 '미싱'을 사용하시는지. 그리고 지금도 '미싱'이 잘 돌아가는지.

> **【미싱】**
> 재봉틀. 그러나 우리 사회에서 '미싱'이 함의하는 바는 단순한 재봉틀이 아니다

---

307 2020년 10월 28일자 『한겨레신문』은 「그 후 50년 ─ 여기 다시 전태일들」이라는 기획 기사를 실었다. 이때 1970년대 당대의 노동 현장을 묘사하려고 했던지 '재봉틀'이라는 말을 쓰지 않고 '미싱'이라는 표현을 썼다. '미싱'이라는 용어에는 이미 역사성이 들어가 있다.
『한겨레신문』(2020.10.28.) 「그 후 50년 ─ 여기 다시 전태일들」

빠꾸

【バック(bakku)】 『광사원』[308]

영어의 back

첫째, 배경

둘째, 배후

셋째, 후원자

넷째, 후퇴하다. 후진하다

일본에서 유학했을 때다. 트럭이 후진하는데 자동차에서 친숙한 소리가 났다. 그것은 클래식 음악도 아니었고, '삐-삐-'하는 신호음도 아니었다. 다름 아닌 'バックします(bakkusimasu)'라는 소리였다. 우리말로 하면 '빠꾸합니다'였다. 이 소리에 낯설게만 느껴졌던 삿포로(札幌, sapporo)라는 이국 도시가 고향처럼 포근하게 느껴졌다. 그리고 녹음된 기계음이기는 하지만 '빠꾸합니다'의 원어민 발음을 들을 수 있었다는 것에 피식 웃음이 나왔다.

한국에서 '빠꾸' 혹은 '빠쿠'라는 말은 '오라이(영어 all right의 일본어 발음 'オーライ'의 우리말 표기, oorai)'라는 말과 호응하여 쓰이는 경우가 많다. 이런 용례는 예컨대 조정래의 대하소설 <한강>에도 보인다.

차에서 내리는 승객들의 의견이 엇갈리고 있었다. 다른 버스들도 사람들을 부리고 있었다. 곧 버스에는 열 명 정도밖에 남지 않았다. 전진을 포기한 차들이 중앙선을 넘어 반대쪽으로 방향을 바꾸고 있었다.

"명숙아, 내려서 **빠꾸** 봐라."

운전수의 지시였고, 명숙은 재빨리 차에서 뛰어내렸다.

"**빠꾸 오라이! 빠꾸 오라이!**

김명숙은 버스 뒤에서 손짓하며 목청껏 소리치고 있었다. 그런 그녀의 행동은 무척 숙달되어 보였다.[309]

---

309 『한겨레신문』(1999.5.20.) <한강>

그런데 '빠꾸'는 이런 의미와 쓰임 외에도 '퇴짜' 혹은 '거절' 등의 뜻으로도 쓰인다. 대학교수이자 변호사인 김두식은『불멸의 신성가족-대한민국 사법 패밀리가 사는 법』에서 공무원 사회를 비판할 때 다음과 같이 '빠꾸'라는 말을 사용하고 있다.

질문을 하면 절대로 미리 구체적으로 가르쳐주지는 않고 계속해서 '**빠꾸**'만 시키는 공무원이 많다는 것입니다.[310]

인용문과 같은 '빠꾸'는 '빠꾸 놓다', '빠꾸 맞다' '빠꾸 당하다' 등과 같은 표현에서 잘 알 수 있듯이 우리의 생활에 밀접한 관련을 맺고 있는 일상어가 됐다고 볼 수 있다.

이와 같은 '빠꾸'의 의미와 쓰임에 대해 박숙희는『우리말 속 일본말』에서 아래와 같이 자세히 적고 있다.

'빠꾸'는 '뒤'를 가리키는 영어 '백(back)'에서 나온 말이다. 이 말이 일본에서는 자동차 따위가 뒤로 움직이는 것을 가리키는 말로 쓰였고, 그것이 다시 자동차 문화와 함께 우리나라에 들어와 '빠꾸'라는 일상용어로 자리 잡게 되었다.

우리나라에 들어온 '빠꾸'는 뒤로 간다는 뜻 외에 '무슨 기획서가 이 모양이야. 빠꾸시키고 다시 써서 올려'하는 식으로 '퇴짜를 맞는다'는 속어로도 널리 쓰이고 있다. 이는 뒤로 돌아서 왔던 길을 다시 간다는 의미와 맞아떨어지기 때문에 생긴 말인

---

310 김두식『불멸의 신성가족－대한민국 사법 패밀리가 사는 법』창비, 2009, p.71.

듯싶다.[311]

그런데 우리는 '일본식 외래어'인 '빠꾸' 혹은 '빠쿠'를 언제부터 써 왔을까? 정확히 언제부터라고는 말하기 어렵지만 그 사용 역사가 길고 또한 지금까지도 쓰고 있다고 말할 수 있겠다. 예컨대 1958년 11월 30일자 『동아일보』에는 다음과 같은 기사가 실려 있다.

　　…… 운전부주의로 '빠꾸'를하다가 孫浩根(五)군을치어 전치일주일의부상을 입협다.[312]

또한 2007년 3월 24일자 『세계일보』는 「무의식적으로 사용하는 일본말」에서 아래와 같이 말한다.

　　'오라이'와 '빠쿠'는 지금도 '모도시' 등과 함께 운전기사들이 아무렇지도 않게 사용하는 일본어다.[313]

그런데 '일본식 외래어'인 '빠꾸'는 일본어에서는 어떤 의미를 지닐까? 앞에서 이미 인용했듯이 일본어 'バック(bakku)'의 주요 의미는

　　첫째, 배경

311　박숙희 『우리말 속 일본말』 한울림, 1996, p.280.
312　『동아일보』(1958.11.30.)
313　『세계일보』(2007.3.24.) 「무의식적으로 사용하는 일본말」

둘째, 배후

셋째, 후원자

넷째, 후퇴하다. 후진하다

와 같다. 여기에는 우리의 '빠꾸'에 들어 있는 '퇴짜'라는 의미는 없다.

결국 우리가 쓰는 '빠꾸'에는 '자동차 등의 후진'과 '퇴짜' 혹은 '거절'이라는 의미가 있는데 반해 일본어 'バック(bakku)'에는 '자동차 등의 후진'이라는 뜻은 있지만 '퇴짜 혹은 거절'을 나타내는 의미는 없다. 우리가 쓰는 '빠꾸'는 일본식 외래어이지만 일본어 'バック(bakku)'는 아니라는 것을 알 수 있다.

그렇다면 우리는 '빠꾸'라는 말을 문맥에 따라서 '뒤로', '후진', '퇴짜'로 순화함[314]과 동시에 언제, 어떤 사회적 배경에서 '빠꾸'에 '퇴짜' 혹은 '거절'이라는 의미가 들어갔는지를 좀 더 살펴봐야 하지 않을까?

'빠꾸'와 더불어 일상어가 된 외래어가 있다. '퇴짜'를 의미하는 '빠꾸'와 반대 의미를 나타내는 '컨펌'이 그것이다. '컨펌'은 영어 confirm을 가리킨다. '확정하다', '승인하다' 등의 의미를 나타낸다. '퇴짜'와 '승인'을 의미하는 말이 모두 외래어라는 점이 대단히 흥미롭다.

지금, 이 순간에도 회사 같은 조직에서는 부하가 상사에게 보고서나 결재를 올리면서 '이것은 컨펌을 받을까 아니면 빠꾸를 당할까' 하고 노심초사하고 있다.

---

314 박숙희 『우리말 속 일본말』 한울림, 1996, p.280.

【빠꾸】

첫째, 후진

둘째, 퇴짜, 거절

빵구

○

> **【パンク(panku)】** 『광사원』[315]
>
> 「puncture」의 준말. 펑크
>
> 첫째, 자동차나 자전거 등의 타이어가 찢기는 것
>
> 둘째, 물건이 부풀어서 파열되는 것
>
> 셋째, 적량을 크게 초과하여 기능이 손상되는 것

---

315 https://dic.daum.net/KOJIEN(검색일: 2022.10.12.)

몇 년 전의 일이다. 만 5살인 둘째가 "양말에 빵구가 났어요"라고 말했다. 나는 곧바로 "빵구는 일본어야. 이때는 빵구가 아니라 구멍이라는 말을 써서 '양말에 구멍이 났어요'"라고 말해야 한다고 상냥하게 정정해주었다. 그러자 옆에 있던 초등학교 3학년인 첫째가 빙그레 웃으면서 "아빠가 저번에 양발에 빵구가 났다고 했잖아"라고 대꾸했다. 순간 나는 "내가 언제?"라고 강변했지만 우리 집에서 내가 쓰지 않았다면 대체 누가 '빵구'라는 말을 쓸 수 있을까? 일본인 아내? 아내였다면 일본어로 "靴下に穴があいている(kutusita ni anaga aiteiru)"라고 말했을 것이다. 이 말을 직역하면 '(양발에)구멍이 났어요'라는 뜻이다. 일본어에서 양말에 구멍이 났을 때는 '빵구'라는 말을 사용하지 않고 '아나(穴, ana)' 곧 구멍이라는 표현을 쓴다.

우리는 '빵구' 혹은 '펑크'라는 말을 지금도 흔히 사용한다. 2015년에 출간된 재테크 관련 도서 『부자언니 부자특강』에는 다음과 같은 글이 나온다.

> 우리도 아끼기는 아낀다. 왠지 모를 죄책감이 드니까 돈을 펑펑 쓰고 난 다음 달에는 허리띠를 졸라매고 산다. 그런데 살다 보면 또 우울해진다. 내가 이렇게 살려고 야근하며 고생하는 게 아닌데, 이렇게 악착같이 살아서 무슨 부귀영화를 누리겠다고! 그래서 다음 달에는 또 마구 써버리고 그렇게 카드 값 **펑크** 나면 후회하고 자책하고 그다음 달에는 아껴서 살아야겠다고 또 결심한다.[316]

316 유수진 『부자언니 부자특강』 세종서적, 2015, p.226.

잘 알려져 있듯이 '빵구'(혹은 '빵꾸')는 영어 puncture의 일본식 발음인 'パンク(panku)'에서 온 말이다. 그래서인지 '빵구'를 순화하여 쓰자는 움직임이 일찍부터 있었다. 예를 들어 1985년 9월 2일자 『경향신문』에 실린 「독자의 광장」에는 타이어 '빵구'는 일본식이니 '펑크'로 고치자는 독자 의견이 제시되어 있다.[317] 1997년 3월 27일자 『매일경제』의 「독자 마당」에도 일제 잔재인 '빵구'를 '펑크'로 고쳐 쓰자는 목소리가 실렸다.[318] 한편 박숙희는 1996년에 출간한 『우리말 속 일본말』에서 '빵구'를 문맥에 따라 구멍 혹은 망친다는 것으로 쓰면 된다고 지적했고[319], 1996년 10월 9일자 『매일경제』는 「잘못 쓰는 교통 용어 너무 많다」라는 제목으로 '빵구'를 파열로 고쳐야 한다고 말했다.[320] 이처럼 일찍부터 '빵구'는 펑크, 구멍, 파열 등으로 순화하여 쓰자는 운동이 있었다.

그렇다면 일본어에서 유래한 '빵구' 혹은 '빵꾸'는 언제부터 쓰였을까? 일제강점기였던 1920년대에 이미 보인다. 상당히 빠른 시기에 식민지 조선에 유입됐다는 것을 알 수 있다.

1928년 8월 2일자 『동아일보』에는 「무척 큰 자동차 바퀴」라는 제목으로 한 장의 트랙터 사진이 소개됐는데, 거기에는 "미국사람이맨든 '타이아'인데 속력은업지만 수천리를가도 '쌩구'될념려는 업스리라고"라는 설명이 붙어 있다.[321] 또한 1932년 5월 29일자 『조선일보』

---

317 『경향신문』(1985.9.2.) 「독자의 광장」
318 『매일경제』(1997.3.27.) 「독자 마당」
319 박숙희 『우리말 속 일본말』 한울림, 1996, p.281.
320 『매일경제』(1996.10.9.) 「잘못 쓰는 교통 용어 너무 많다」
321 『동아일보』(1928.8.2.) 「무척 큰 자동차 바퀴」

에는 이복명 작품인 <질소비료공장>이 연재되고 있었다. 이날 연재에 실린 글에는 다음과 같은 내용이 나온다.

그러나손이나올골에무든유산은 멧번이고수도에달여가서씻지안으면안된다. 유일한재산인육신을 '쌩구' 낼수는업스니까 322

1928년 3월 2일자 『조선일보』에는 최독견의 <난영(亂影)>이 연재되고 있었는데, 이날에는 다음과 같은 내용이 실려 있다.

자동차로도라와 운전대로 올나가서모타발동을식히여 자동차를 압흐로돌아운전수는 뒷박휘가 '쌩수' 를하엿는지바람이 쌔진 것을......323

또한 1929년 3월 2일자 『조선일보』에는 최독견 작품인 <향원염사(香園艶史)>가 연재되고 있었다. 이날 연재에는

내가 아츰에나갈째에는 "양말쌔신것어데두엇수"하야차자 신고는 신엇든 양말을내노흐며 "쏘좀쌔라두서요. 뒤축이해저가니까 '쌩수' 안내도록좀심히무지르서요"하고부탁하게까지되엇습니다.324

---

322 『조선일보』(1932.5.29.) <질소비료공장>
323 『조선일보』(1928.3.2.) <난영(亂影)>

와 같은 글이 실려 있었다.

이처럼 1920년대에는 식민지 조선에서 '빵구'와 함께 '빵꾸'라는 표기가 동시에 사용되었다. 그 의미는 고무 타이어에 구멍이 나는 것 혹은 양말 등에 구멍이 생기거나 구멍을 내는 것이었다. 한 가지 특이한 것은 '빵구(꾸)'를 표기할 때 작은따옴표(' ')로 나타냈다는 점이다. '빵구(꾸)'라는 말이 순수 우리말이 아니라 외래어라는 것을 드러내고 있다. 달리 말하면 1920~30년대에는 이 말이 아직 완전히 우리말이 되지 않았다는 것을 의미한다.

그런데 대단히 흥미로운 점은 일제강점기에 이식된 일본어 'パンク(panku)'를 당시 식민지 조선에서는 다른 의미로도 썼다는 점이다. 즉, 방금 살펴봤듯이 식민지 조선에서는 '양말 등에 구멍이 생기거나 구멍을 내는 것'의 의미로 '빵구(꾸)'를 사용했다. 또한 계획이 틀어지는 것을 속되게 말할 때도 '빵구가 나다'라고 사용했다. 1939년 4월 20일자 『조선일보』에는 「색연필」이라는 제목으로 아래와 같은 글이 게재되었다.

물건값시 자꾸 올라간다 올라가는대로 사람들의 탄식도 늘어간다. 탄식은하면서도 실상그중에는 크게 보아서 암만올라도 관찬흔것은술갑시다. …… 특히 봉급생활자들 월급이적어서 살수업다는탄식은하면서도 자기월급과주량(酒量)의 타협을 꾀해보는이는 쉽지못하다. 오뎅집 한두시간의 호연지기(好演之氣)만으로도 그달의설게에 **빵구가 나는것**을 탄식만으로

---

324 『조선일보』(1929.3.2.) <향원염사(香園艶史)>

될 일인가.[325]

위 인용문에 나오는 '빵구가 나다'라는 표현은 인플레이션으로 힘든 생활을 하는 봉급생활자가 술값으로 가계 경제 계획에 마이너스가 발생했다는 것을 의미한다. 이런 의미들은 앞에서 예시했듯이 일본어 'パンク(panku)'에는 없었다.

이상과 같이 일제강점기에 이식된 일본어 'パンク(panku)'는 이른 시기부터 식민지 조선에서 원래 의미와 다르게 쓰이기 시작했다. 당시 조선인은 '고무 타이어에 구멍이 나는 것'을 나타낼 뿐만이 아니라 '양말 등에 구멍이 생기거나 구멍을 내는 것' 그리고 '계획이 어긋나는 것을 속되게 말하는 것'을 의미할 때도 '빵구(꾸)'를 사용했다. 식민지 조선인에 의해 일본어 'パンク(panku)'에 의미 변용이 생긴 것이다.

일제강점기에 이식된 'パンク(panku)'는 원래 의미뿐만이 아니라 새로운 의미가 추가되면서 식민지 조선에서 사용되었다. 그런데 언중에 의한 의미 변용은 광복 이후에도 나타난다.

1987년 5월 29일자 『동아일보』에는 「구속된 3명 영장 내용」이라는 기사에

피의자 유정방은 위와 같은 허위보고서를 그대로 상부에 보고한데 이어 같은 달 17일밤11시경 위특수수사2대에 이르러 당시 고문치사피의사건의 주범으로 뒤집어쓰기를 거부하며 묵

---

325 『조선일보』(1939.4.20.) 「색연필」

비권을 행사하고 있는 위 조한경, 강진규에게 부검결과가 질식사로 판명되어 **빵꾸**가 났다. 그러니 너희들이 속죄양이 돼 주어야겠다라는 취지로 다른 3명의 죄과를 계속 뒤집어써줄 것을 설득하고 ……[326]

라는 내용이 실려 있다. 여기서 '빵꾸'는 감추었던 비밀 등이 드러났다는 의미로 쓰이고 있다.

또한 1998년 6월 19일자 『동아일보』에는 「IMF시대에 뜨는 F학점의 천재들」이라는 제목으로 아래와 같은 내용이 나온다. 여기서 '빵꾸'는 F학점 곧 낙제를 뜻한다.

CF감독 박명천씨(29). 아줌마 탤런트 전원주를 스타덤으로 올린 '국제전화 002' TV광고의 제작자다. 최근 광고제작 의뢰 건수가 3배 정도 뛰었다. 홍익대 시각디자인과 출신. "교양과목 1, 2개는 예사로 **빵꾸**'를 냈습니다. 시험 때 교수 얼굴을 처음 본 경우도 많았죠. 하지만 영상 관련 과목 숙제를 하기 위해 '날밤'을 새웠고 ……[327]

1991년 3월 27일자 『매일경제신문』에는 정을병의 작품인 <달맞이꽃>이 연재되고 있었는데, 이날 연재에는 다음과 같은 내용이 실려 있다.

---

326 『동아일보』(1987.5.29.) 「구속된 3명 영장 내용」
327 『동아일보』(1998.6.19.) 「IMF시대에 뜨는 F학점의 천재들」

한방울은 그게 무슨 말인지 알 수가 없는 것 같았다.

"그 여자는 말이야……벌써 남자가 여럿이 있어 가지고 ……
빵꾸가 나도 여러번 난 여자란 말이야."

강철수는 일부러 상스럽게 말했다. 한방울이가 김용정에게
매력을 갖지 못하도록 하는 말이었다.[328]

위 <달맞이꽃>에 보이는 '빵꾸'는 여자가 남자 경험이 적지 않았
다는 것을 나타낸다. 박숙희도 『우리말 속 일본말』에서 '빵구'에는
"처녀가 순결을 잃은 일 따위를 가리키기도 한다"고 말했다.[329]

그리고 '빵구'에는 '빵구 때우는 식으로 해서는 안 된다'라는 표현
도 있듯이 임시방편으로 대충 대처해서는 안 된다는 의미를 나타낼
때 '빵꾸'를 쓸 수 있다.

이상과 같이 식민지 조선인은 일제강점기에 이식된 일본어 'パン
ク(panku)'를 '빵구(꾸)'라고 표기하면서 원래의 의미에 변용을 주
어 사용했다. 또한 광복 후 한국인도 거기에 새로운 의미를 더욱 추
가하여 '빵구(꾸)'를 다양하게 사용하고 있다.

그런데 우리말사전은 '빵구(꾸)'를 다음과 같이 설명하고 있다.

국립국어원 『우리말샘』

형태분석(← panku)

---

328 『매일경제신문』(1991.3.27.) <달맞이꽃>
329 관견이지만 '빵구'에 이런 의미가 있다는 것은 이번에 처음 알았다. 박숙희와 필
자 사이에는 위상(位相)의 차이가 있는지도 모른다.

첫째, 일이 중도에 틀어지거나 잘못되는 일

둘째, 고무 튜브 따위에 구멍이 나서 터지는 일. 또는 그 구멍

셋째, 낙제에 해당하는 학점을 받음을 이르는 말

넷째, 의복이나 양말 따위가 해져서 구멍이 뚫리는 일. 또는 그 구멍

국립국어원 『우리말샘』에는 앞에서 살펴본 '빵구(꾸)'의 용례 가운데 '비밀이 밝혀지는 것'이나 '처녀가 순결을 잃는 것' 그리고 '임시방편' 같은 의미는 빠져 있지만 '빵구(꾸)'의 실제 사용례가 대체로 실려 있다고 볼 수 있다.

결국 일본어 パンク(panku)에는 자동차나 자전거 등의 타이어가 찢기는 것, 물건이 부풀어서 파열되는 것, 적량을 크게 초과하여 기능이 손상되는 것과 같은 의미밖에 없었다. 반면에 우리가 사용하는 '빵구(꾸)'는 일본의 パンク(panku)의 의미 가운데 '자동차나 자전거 등의 타이어가 찢기는 것'을 차용했지만 앞에서 자세히 살펴봤듯이 그밖에 다양한 의미로 '빵구(꾸)'를 사용하고 있다.[330]

일제강점기에 식민지 조선에 이식된 '빵구(꾸)'는 일본어에서 유래했다는 점에서 식민주의 시대의 잔재인 것이 확실하다. 달리 말하면 일본제국주의의 식민지로 전락함에 따라서 우리는 자동차 보급과 함께 들어오게 된 영어 puncture를 주체적으로 받아들여서 그 번역어를 만들거나 대체할 수 있는 우리말을 찾을 기회를 잃게 됐다. 따라서 광복 후, 곧 포스트식민주의 시대에 '빵구(꾸)'는 국어순화의 대상이 되

---

330 영어 puncture는 명사로는 '구멍', 동사로는 '구멍을 내다'의 의미를 가진다.

었다.[331] 그러나 이 말은 우리의 언어생활에 깊숙이 뿌리를 내렸다. 달리 말하면 '빵구(꾸)'는 텔레비전(TV)으로 순화된 일본어 '테레비(テレビ, terebi)'와 달리 정화되지 못했다. 그것은 국어순화운동의 실패를 뜻하지 않는다. '테레비'와 달리 '빵구(꾸)'는 원래 이식될 당시의 의미에 새롭게 의미를 추가하면서 변용을 일으키며 우리말이 되어 갔기 때문이다. '빵구(꾸)'는 차용어 혹은 귀화어가 됐다고 볼 수 있다.

지금까지 우리는 식민주의의 잔재인 일본어를 순화의 대상으로만 바라보는 경향이 있었다. 하지만 '빵구(꾸)'를 통해서 알 수 있듯이 식민지 조선인과 광복 후의 우리는 일제강점기에 이식된 일본어를 수동적으로만 수용한 것은 아니었다. 거기에 능동적으로 의미 변용을 주어 우리말로 활용하고자 하는 주체적인 노력을 기울였다.

이처럼 '빵구(꾸)'는 일본어 パンク(panku)에서 왔다고는 하지만 우리의 일상생활에서 그 의미와 쓰임이 대폭 확장되어 더 이상 일본어 パンク(panku) 그대로가 아니다. '빵구(꾸)'는 구멍이나 펑크 등으로 순화해야 할 대상이기는 하지만 동시에 '빵구(꾸)'에는 우리 사회와 문화가 담겨 있다고 봐야 하지 않을까? 이처럼 '빵구(꾸)'는 언어가 생명체라는 것을 잘 보여주고 있다. 그러기에 '빵구(꾸)'는 순화의 대상이기는 하지만 동시에 우리말이 될 자격도 충분히 가지고 있다고 생각한다.[332]

---

331 본서에서는 '포스트식민주의'를 '식민주의의 영향이나 잔재에서 벗어나려는 입장'의 의미로 사용하고 있다.

332 이 글은 박상현 「포스트식민주의 한계를 넘어서─'빵구(꾸)'의 의미 변용을 중심으로」(『일본문화연구』 78집, 동아시아일본학회, 2021, pp.103-110)의 내용을 본서의 취지에 맞춰 수정한 것이다.

【빵구】

첫째, 일이 중도에 틀어지거나 잘못되는 일

둘째, 고무 튜브 따위에 구멍이 나서 터지는 일. 또는 그 구멍

셋째, 낙제에 해당하는 학점을 받았다는 것을 이르는 말

넷째, 의복이나 양말 따위가 해져서 구멍이 뚫리는 일. 또는
   그 구멍

다섯째, 비밀이 밝혀지는 것

여섯째, 처녀가 순결을 잃는 것

일곱째, '빵구를 때운다'처럼 사용하여 임시방편을 뜻함

아파트

【アパート(apart)】 『광사원』[333]

アパートメント－ハウス(apartment house)」의 준말. 아파트.
공동주택. 한 동의 건축물 내부를 다수의 독립된 주거로 나
눈 것

---

333 https://dic.daum.net/KOJIEN(검색일: 2022.10.13.)

2022년 10월 현재 고환율과 고금리로 우리나라의 아파트 가격이 조정을 받기 시작했지만 아직도 적정 가격이라고는 생각하기 어렵다. 몇 년 동안 아파트값이 너무 많이 올랐기 때문이다. 미친 가격이었다는 말이 나올 정도다. 현재 아파트에 살고 있지만 20년이 넘은 구축 아파트가 왜 이 정도 가격이 되는지 잘 이해가 가지 않는다. 가끔 내가 살고 있는 아파트의 동(棟)을 물끄러미 바라본다. 아파트 동 면적이 늘어나거나 줄어든 것도 아닌데 아파트 가격이 올라가거나 내려갈 때마다 나의 불안은 풍선처럼 커져만 간다.

잘 알려져 있듯이 우리가 흔히 쓰는 아파트는 영어 '아파트먼트 하우스'의 약칭이다. 그런데 '아파트먼트 하우스'는 프랑스어 아파르트망(appartement)에서 유래했다고 한다. 즉, 18세기 프랑스 귀족의 대저택은 독립적으로 생활할 수 있는 여러 공간의 집합으로 되어 있었는데 그 각각의 공간을 아파르트망이라고 했다. 그런데 프랑스혁명 이후 귀족계급이 몰락하면서 그들이 소유하던 대저택이 아파르트망 단위로 신흥 도시 중산층에게 분할 임대되게 된다. 그리고 미국에서 그 아파르트망을 위생적이며 전망 좋은 도시형 고밀도 주택이라는 뜻으로 '프랑스식 일류 공동주택'이라는 선전 문구를 내세워 상품화한 것이 바로 '아파트먼트'였다.[334]

그런데 박숙희는 『우리말 속 일본말』에서 아파트라는 용어의 유래에 대해 다음과 같이 자세히 언급하고 있다.

빌딩 같은 한 채의 건물 안에 많은 세대가 살도록 고안된 공

---

334 박철수 『한국건축개념사전』 동녘, 2013, pp.615-616.

동 주택을 아파트라고 하는데, 이 말은 본래 아파트의 본고장인 미국에서 만든 **영어 '아파트먼트 하우스(apartment house)'의 일본식 줄임말이다.** 우리나라에 아파트가 들어온 것은 1932년 일제가 세운 충정로의 5층짜리 유림 아파트가 시초였다. 그 후 일제는 혜화동에 4층짜리 목조 아파트, 서대문에 풍전 아파트, 적선동에 내자 아파트를 세웠다. 이때부터 아파트란 말이 알려지기 시작했는데.[335]

위의 인용문에도 잘 나와 있듯이 아파트는 여러 세대가 살고 있는 5층 이상의 임대용 또는 분양용 건물로 일제강점기에 처음 도입된 것으로 아파트라는 말은 일본어 'アパート(apart)'에서 왔다는 것이다. 아파트는 일본식 외래어다.

고종석은 1998년 11월 3일자 『한겨레신문』에 「국어의 풍경들」을 실었는데, 거기서 그도 다음과 같이 말한다.

> 한자어 층 바깥을 감싸고 있는 것은 (유럽계) 외래어다. '잉크', '펜', '렌즈', '커피'처럼 영어에서 온 외래어가 가장 많지만, …… 프랑스에서 온 '레스토랑' 등 원래의 국적은 다양하다. **이 외래어의 상당수는 일본어를 통해서 수입된 것이다.** '텔레비전'을 '테레비'라고 줄여 말한다거나 **'아파트먼트 하우스'를 '아파트'라고 줄여 말하는 것은, 이 영어 단어들이 한국어로 넘어오면서 일본에 기착한 흔적이다.**[336]

---

335 박숙희 『우리말 속 일본말』 한울림, 1996, p.289.

그렇다면 '철근콘크리트로 된 위생적인 도시형 고밀도 공동주택'
인 '아파트먼트'라는 개념이 우리에게 처음 소개된 것은 언제일까?
한국건축학계의 연구에 따르면 1925년이라고 한다. 그 근거가 된 것
은 일본인이 조직한 조선건축회의 기관지『조선과 건축(朝鮮と建
築)』제4집제9호에 실린 기사 때문이다.[337] 또한 일제강점기 식민지
조선에 지어진 관사(官舍)가 아닌 일반인을 대상으로 한 철근콘크
리트 구조의 최초의 '아파트'는 1937년에 준공된 충정아파트다.[338]
이 아파트는 일본인 건물주의 성(姓)이 '도요타(豊田)'였기에 '도요
다아파트'라고 불리기도 했다. 이 일본인 건물주는 일본인 도요타
다네마쓰(豊田種松)였다.[339]

현재 우리는 '아파트'라는 표기를 일반적으로 사용하고 있지만 일
제강점기에는 '아파트' 외에도 여러 표기가 공존하고 있었다. 예컨
대 당시에는 아파트먼트하우스, 아파트멘트하우스, 아파-트맨트, 아
파트-맨트, 아파트-멘트, 아파트맨트, 아파트먼트, 아빠-드멘트, 아

---

336 『한겨레신문』(1998.11.3.) 「국어의 풍경들」

337 그런데 최근에 박상현은「'아파트먼트'의 개념에 관한 최초 기사 고찰－철근콘
크리트로 된 위생적인 도시형 고밀도 공동주택으로서의 '아파트먼트'」에서
1923년부터 『동아일보』에 연재된 장덕수의 미국 생활 체험인「米國 와서」에
'아파-트멘트'의 개념이 보인다고 지적한다. 그의 말이 타당하다면 철근콘크리
트로 된 위생적인 도시형 고밀도 공동주택으로서의 '아파트먼트'는 통설보다
빨리 식민지 조선에 소개된 것이 된다.
박상현「'아파트먼트'의 개념에 관한 최초 기사 고찰－철근콘크리트로 된 위생
적인 도시형 고밀도 공동주택으로서의 '아파트먼트'」,『일본근대학연구』73집,
한국일본근대학회, 2021, pp.119-135.

338 이연경・박진희・남용협「근대도시주거의 충정아파트의 특징과 가치－충정
로3가 일대의 도시 변화와 연계하여」,『도시연구』20집, 도시사학회, 2018, pp.
7-52.

339 박상현「충정아파트의 일본인 건물주 성명 고찰－어떻게 쓰고, 어떻게 읽어야
하나－」,『일본문화연구』제80집, 동아시아일본학회, 2021, pp.113-132.

바트, 아빠-드, 아빠-트, 아쌔트, 아파-트, 아파트 등과 같이 매우 다양한 표기가 쓰였다. 그만큼 당시 식민지 조선인에게 '아파트'라는 말은 새로운 용어였다.[340]

그렇다면 식민지 조선인은 영어 '아파트먼트 하우스'의 일본식 축약어인 'アパート(apart)'라는 표기를 언제 접하게 됐을까? 1933년에 나온 잡지 『신동아』의 「모던語點考」에는 다음과 같은 기사가 실려 있다.

> '아파-트멘트(apartment)' 英語. 一種의 旅館 혹은 下宿이다. 한 빌딩 안에 房을 여러 개 만들어 놓고, 세를 놓는 집이니, 역시 現代的 都市의 産物로 미국에 가장 크게 발달되었다. 간혹 夫婦生活하는 이로도 아파-트멘트 生活하는 이가 있지마는 대개는 獨身 샐러리맨이 많다. **日本서는 略하야 그냥 「아파-트」라고 쓴다.**[341]

「모던語點考」는 근대에 들어 새롭게 유입된 말을 소개했었는데 1933년 5월호에 따르면 일본에서는 영어 '아파트먼트'를 '아파-트' 곧 'アパート(apart)'로 줄여서 부른다고 나와 있다.[342] 사전(辭典) 등

---

340 박철수도 『경성의 아빠-트』에서 "아파트가 경성을 위시한 대도시에 제법 들어섰지만 도심을 활보하던 '모던보이'며 '모던걸'을 뺀 다른 이들에게는 도무지 생경한 모습이어서인지 사람들은 풍문으로만 듣던 아파트를 다양한 방법으로 부르거나 표기했다."고 말한다.
박철수 외 『경성의 아빠-트』 집, 2021, pp.9-10.

341 심우갑·강상훈·여상진 「일제강점기 아파트 건축에 관한 연구」, 『대한건축학회논문집』 제18집, 대한건축학회, 2002, p.164(재인용).

이 현실을 반영하는 데 다소 시간이 걸린다는 것을 고려한다면 적어도 1920년대에는 일본에서 영어 '아파트먼트'의 축약어인 'アパート(apart)'가 쓰이기 시작했다고 추정해볼 수 있다.

이처럼 아파트는 '일본식 외래어'에서 유래했다. 곧 일본어 'アパート(apart)'에서 우리말 '아파트'가 왔다는 것이다. 하지만 일본의 'アパート(apart)'와 우리의 '아파트'는 아파트의 의미와 건축 재료의 측면에서 같은 점보다는 다른 점이 더 많다.

첫째, 의미 측면이다. 영어 apartment가 apart(분리된)＋ment(상태)를 나타내듯이 미국에서 apartment는 '공동 주택 내의 1가구분의 방'을 의미한다. 일본어 'アパート(apart)'의 의미도 영어 apartment에 가깝다. 하지만 우리나라에서는 영어 apartment와 일본어 'アパート(apart)'와 달리 '공동 주택 내의 1가구분의 방'이 아니라 집합 주택 전체이거나 단지 전체를 가리키는 것이 일반적이다.

둘째, 건축 재료의 측면이다. 일본의 'アパート(apart)'는 목조(木造)로 지어져 있다. 반면에 우리는 철근콘크리트로 '아파트'를 만들고 있다. 일본에서 'アパート(apart)'가 목조로 된 것은 일본에 지진이 자주 발생한다는 사실과 밀접한 관련이 있다. 곧 지진에 의한 대규모 붕괴 사고를 막기 위함이다.[343] 또한 일본이 고온다습한 기후를 보인다는 것과도 무관하지 않다. 일본의 'アパート(apart)'는 목조 건축이기에 층도 2층 정도에 불과하다. 세대수도 많지 않다. 당연한 말

---

342 『신동아』 창간호(제1권제1호. 1931년 11월)에는 「流行語點考」라고 나오는데 이것이 제1권제2호부터는 「모던語點考」로 변경됐다.

343 하지만 목조이기에 화재뿐만이 아니라 층간 소음과 사생활 보호에도 매우 취약하다.

이지만 승강기도 없다. 반면에 우리의 '아파트'는 고층아파트가 기본이다. 승강기는 필수이고 1,000세대 전후의 대단지로 이루어지는 경우가 드물지 않다.

이처럼 우리의 '아파트'는 영어의 apartment를 거친 일본어의 'アパート(apart)'에서 유래했지만 그 의미와 건축 재료 등에서 큰 차이를 보인다.

박숙희는 앞서 인용했던 『우리말 속 일본말』에서

이렇듯 너무 오래 써 오면서 굳어진 말이라 다른 적당한 말로 바꾸기가 쉽지 않을 것이다. **최근에는 언론에서 간간히 아파트 대신에 '공동 주택'이란 우리말을 쓰기도 하는데 그런대로 적절한 표현이라 생각한다.**[344]

라고 말하지만 과연 '아파트'라는 명칭을 여러 세대가 같이 살고 있다는 뜻을 나타내는 '공동 주택'으로 바꿀 수 있을까?

우리의 '아파트'는 일본어의 'アパート(apart)'가 아니다.[345] 의미와 건축 재료만이 다른 것이 아니다. 사회적 함의도 다르다. 한국 사회에서 '아파트'는 더 이상 주거만을 가리키지 않는다. '아파트'는 재테크의 대상이고, 투자와 투기의 대상이 된 지 오래다. (사실은 반드시 그렇지도 않지만) 환금성이 크다고 느껴지는 금융상품과 같은 성격마저 띠고 있다. '아파트'를 '공동 주택'으로 바꿔 부를 수는 있

---

344 박숙희 앞의 책, p.289.
345 영어 apartment house도 아니다.

다. 하지만 그 순간 '아파트'가 함의했고, 또한 함의하고 있는 여러 경제적 및 사회적 의미를 제대로 표현하기 어렵게 된다고 생각한다.[346]

> **【아파트】**
> 아파트. 철근콘크리트로 된 고층 집합 주택 전체 혹은 대단지 전체

---

346 이 글은 박상현 「'아파트먼트'의 개념에 관한 최초 기사 고찰 − 철근콘크리트로 된 위생적인 도시형 고밀도 공동주택으로서의 '아파트먼트'」(『일본근대학연구』 73집, 2021, pp.119-120)와 「구조와 의미에서 살펴본 일본식 외래어 '아파트' − 식민주의의 잔재를 넘어서」(『비교일본학』 53집, 한양대학교 일본학국제비교연구소, 2021, pp.121-136)에 게재한 내용을 본서의 취지에 맞춰 다시 썼다.

파마

【パーマ(pama)】 　　　　　　　　　　　　　　　　『광사원』[347]

파마먼트웨이브(パーマネント─ウェーブ, permanent wave)
　의 준말

【パーマネント─ウェーブ(permanent wave)】

　　　　　　　　　　　　　　　　　　　　　『광사원』[348]

모발을 전열이나 약품을 사용하여 어느 정도 오래 지속되도
록 물결 모양으로 구불거리게 한 것. 또는 그 머리 모양. 전
발(電髪). 파마

347　新村出編『広辞苑 第5版』岩波書店, 1998, p.2105.

348　新村出編 앞의 책, p.2105.

일본에서 막 유학 생활을 시작했을 때다. 학교 내 구내 서점에 들렀다. 찾고 있던 책이 보이지 않았다. 마침 근처에 직원의 뒷모습이 보였다. 긴 생머리를 한 여자 직원이었다. 30대 전후로 보였다. 내가 말을 걸자 그 직원이 돌아서서 나를 쳐다보며 무엇을 찾고 있는지를 물어봤다. 직원의 얼굴을 확인하는 순간 나는 잠시 멈칫했다. 할 말을 잃은 것이다. 30대 전후로 보였던 직원이 50대 전후로 보였기 때문이다. '50대 여성이 긴 생머리를 하고 있다니' 놀라울 뿐이었다. 결혼한 30대 이후의 여자는 '아줌마 파마'를 하는 것으로 생각했던 나의 편견이 깨지는 순간이었다. 일본 생활이 길어지면서 이와 같은 비슷한 경험을 수없이 많이 했다. 일본의 중년 여성 가운데 우리가 흔히 말하는 '아줌마 파마'를 한 여성을 찾기는 쉬운 일이 아니었다.

국립국어원 『표준국어대사전』에 따르면 '파마(permanent wave)'는

> 머리를 전열기나 화학 약품을 이용하여 구불구불하게 하거나 곧게 펴 그런 모양으로 오랫동안 지속되도록 만드는 일. 또는 그렇게 한 머리[349]

라고 나와 있다.

요컨대 앞에서 제시한 일본어사전에 나오는 일본어의 'パーマ(pama)'와 우리말의 '파마'는 그 의미가 같다고 볼 수 있다.

그런데 국립국어원 『표준국어대사전』에는 '파마'와 일본어의

---

349 https://stdict.korean.go.kr/search/searchView.do#wordsLink(검색일: 2020.11.4.)

'パーマ(pama)'와의 관련성에 대한 언급이 없다. 본 저서를 집필하면서 우리말 속의 일본어에 관한 다음과 같은 관련 도서를 살펴봤지만 그 어디에도 '파마'를 일본어 'パーマ(pama)'와 연관 지어 논한 책은 없었다.

박숙희『우리말 속 일본말』한울림, 1996

김한배『우리말을 좀먹는 우리말 속의 일본말』동언미디어, 2006

황대권『빠꾸와 오라이』도솔오두막, 2007

이윤옥『사쿠라 훈민정음』인물과사상사, 2010

이윤옥『오염된 국어사전』인물과사상사, 2013

다만, 홍근이『재미로 읽어 보는 우리말 속의 일본어』에서 일본어에서 유래한 미용 용어인 '고데'를 다루면서 '파마'가 미용실에서 쓰고 있는 일본어라고 간단히 언급하는 정도였다.[350]

『표준국어대사전』을 포함한 이들 저서는 영어 permanent wave를 우리가 '파마'로 줄여서 발음하는 것이라고 간주하는 것 같다. 과연 그럴까? 영어 permanent wave의 축약형인 perm을 최근에 우리가 '펌'이라고 발음하고 적고 있다는 것을 생각한다면 '파마'라는 말은 '일본식 외래어'일 가능성이 작지 않은데 말이다. 특히 일본어는 영어를 포함한 외국어를 표기할 때 모음으로 끝내는 경향이 있다. 따라서 'パーマネント(permanent)'를 우리와 같이 '펌(perm)'이 아니

---

350 홍근『재미로 읽어 보는 우리말 속의 일본어』북랩, 2019, p.41.

라 'パーマ(pama)'로 줄이는 것은 대단히 자연스럽다.

그런데 우리는 '파마' 혹은 '빠마'라는 말을 언제부터 사용했을까? 정확히 언제부터 쓰기 시작했는지는 확정하기 어렵지만 일제강점기였던 1930년대에 발행된 신문 기사에 '파마(빠마)'라는 말을 확인할 수 있다. 그런데 흥미로운 것은 '파마'가 초기에는 '파마넨트' 혹은 '파마넨트 웨이브'처럼 쓰였다는 사실이다.

1938년 7월 15일자 『동아일보』 기사에는 '파마'가 '파마넨트'로 나온다.

> 京城府短髮實施 生活改善實行
> 장기전에 대하여 국민의생활개선 문제를 부르짖는이때 경성부에서는 청원의 생활개선 실행요목을 결정 …… 一, 頭髮 남자는 단발을 원측으로 여자는 **파마넨트**를 피하고 실질의 기풍을 내일 것.[351]

1938년 당시 제국 일본은 중일전쟁을 하고 있었다. 따라서 당국은 전시(戰時)라는 당시의 시대 상황을 반영하여 식민지 조선에서 생활개선을 실행했다. 두발까지 단속했는데, 남자는 단발이어야 했고 여자는 '파마넨트'를 해서는 안 됐다.

또한 1939년 1월 15일자 『동아일보』 기사에는 '파마넨트 웨이브' 가 보인다.

---

351 『동아일보』(1938.7.15.) 「京城府短髮実施 生活改善実行」

'파마넨트웨이브'에鐵槌

아름다운 고유 조선의 '낭자'를 무시하는 **파마넨트**기생에게 단연罰을 가하야 洋式을 조하하는 난자군에공포를던지엇다.⋯⋯[352]

위 인용문에 잘 나와 있듯이 당시 '파마넨트 웨이브' 곧 '파마넨트'를 금지했던 것은 그것이 양식(洋式) 곧 서양에서 온 것이기 때문이었다. 중일전쟁과 그 이후에 벌어진 태평양 전쟁기에 '귀축미영(鬼畜米英)'[353]이라는 말이 나왔듯이 제국 일본은 미국과 영국을 극단적으로 혐오했다. 따라서 서양에서 들어온 '파마넨트(웨이브)'를 금기시했다는 것은 충분히 이해가 간다.

그리고 '파마넨트(웨이브)'와 더불어 '파마눌'이라는 말도 함께 쓰였던 것 같다. 1939년 12월 5일자『동아일보』에는 한설야의 장편소설 <마음의 향촌>이라는 작품이 연재되고 있었는데

"아따글세. 요새 여자들 그머릿주제좀보우 뭐 **'파마눌'**(파마넨트)이라나 잇지안소. 그머릴보면 무서워서 서울살굼은생각이 없어져요. 우리아씨와 난심아씨만 안햇지"하고 어멈은 부엌에들어가 개 먹을것을가지고나와서 ⋯⋯[354]

---

352 『동아일보』(1939.1.15.) 「'파마넨트웨이브'에鐵槌」
353 '귀축'은 야만적이고 잔인하다는 의미다. 곧 미국과 영국은 야만적이고 잔인하다는 뜻이다.
354 『동아일보』(1939.12.5.) <마음의 향촌>(138)

라는 부분이 있다. 여기서 '파마넨트'는 '파마눌'로 나온다.

그런데 광복 후인 1947년 12월 7일자 『동아일보』 기사에 '파마'라는 말이 보인다.

> 劇場, 美粧院, 理髮 정전 후 타격이 제一큰것이 영화관이다. …… 그리고 미장원에는 정전후 초만원을이루고 있는데 우수운 이야기는아츰부터 '**파마**'를하고저 전기지깨를 머리에달고 전기드러오기를 기다리도있는 여인이 짜증도 웃지못할일이다[355]

위 인용문은 광복 후 전기 보급 상황이 좋지 않은 당시 사회 상황을 전하고 있는데, 정전된 미용실의 풍경에서 '파마'라는 말이 보인다.

일제강점기에는 '파마넨트웨이브', '파마넨트', '파마눌'이라고 했는데, 광복 후에는 '파마'라고 부르고 있다. 흥미로운 변화라고 말하지 않을 수 없다.

그럼 일본에서는 'パーマ(pama)'를 어떻게 불렀을까? 앞에서 이미 인용했듯이 『광사원』은 'パーマ(pama)'를 'パーマネントーウェーブ (permanent wave)'의 준말이라고 했다. 일본도 지금은 보통 'パーマ (pama)'라는 말을 쓰지만 처음부터 그랬던 것은 아니다. 식민지 조선과 마찬가지로 일본에서도 1930년대에서 40년대에는 '파마먼트'라는 말을 사용했다.

제국 일본은 태평양 전쟁기에 신민(臣民)에게 전의(戰意)를 불러일으키고, 신민을 통제하기 위해 적지 않은 슬로건을 내걸었다. 예를

---

355 『동아일보』(1947.12.7.)「停電에 시달리는 長安」

들어 '귀축미영(鬼畜米英)', '사치는 적이다!(ぜいたくは敵だ!)[356], '원하지 않습니다 승리할 때까지는(欲しがりません勝つまでは)' 등이 있다. 그런데 이런 표어에 '파마멘트를 하지 맙시다(パーマネントはやめませう)'도 들어 있었다.[357] 이후 '파마멘트(パーマネント, permanent)'라는 표현은 '전발(電髪)'이라는 한자어로 바뀌게 된다. 미국과 전쟁을 하고 있는데 적국의 언어인 영어를 쓸 수 없었기 때문이다.

이처럼 현재 사용하고 있는 일본어 'パーマ(pama)'는 'パーマネント(permanent)'에서 시작하여 '전발(電髪)'을 거쳐 일본 패전 후에 'パーマ(pama)'로 정착하게 된다. 'パーマネント(permanent)'에서 'パーマ(pama)'로 변하는 시기가 흥미롭게도 우리와 겹친다. 우리도 일제강점기에 '파마넨트(웨이브)'라는 말을 쓰다가 광복 후부터 '파마'라는 표현을 쓰고 있기 때문이다. 이런 변화 과정을 생각해볼때, 우리가 쓰는 '파마'는 말은 일본어 'パーマ(pama)'와 밀접한 관련이 있다고 생각한다. 또한 중일전쟁과 태평양 전쟁기에 식민지 조선이나 제국 일본에서 동시에 '파마넨트(웨이브)'는 금지됐다. 당시 식민지 조선이 제국 일본의 일부였다는 것을 생각해보면 당연하다면 당연할 수 있겠다.

하지만 그렇다고 해서 일본어 'パーマ(pama)'의 쓰임과 우리가 사용하는 '파마'의 쓰임이 완전히 일치하는 것은 아니다. 일본에는 '아줌마 파마'라는 말이 없기 때문이다. '파마'가 일본어 'パーマ

---

356 일본어 문장의 로마자 표기는 생략. 이하 같음.

357 https://www.news-postseven.com/archives/20200314_1548756.html?DETAIL
(검색일: 2020.11.4.)

(pama)'에서 유래했다는 의미에서 '파마'는 일본식 외래어라고 볼 수 있다. 하지만 중년 이후의 여성이 즐기는 '아줌마 파마'는 일본에서는 좀처럼 보기 힘든 풍경이다. '파마'라는 헤어스타일이 서양에서 일본을 거쳐 우리에게 전해지기는 했지만 한국화(化)됐다는 것을 잘 보여주는 것이 바로 '아줌마 파마'라고 생각한다. 우리가 '아줌마 파마'에 관심을 가질 이유가 충분히 있다.[358]

【파마】

첫째, 파마 혹은 펌

둘째, '아줌마 파마'처럼 써서 중년 혹은 노년 여성의 짧고 간
    편한 헤어스타일

---

358 교수를 역임했던 문화심리학자인 김정운은 세상 사람을 '파마'를 한 사람과 하지 않은 사람으로 나눌 수 있다고 말했다. 이 말을 듣고 주위 사람을 둘러봤다. 그의 말이 명언이라는 것을 느낄 수 있다. 촌철살인이다.

> **【こんじょう(根性, konzyou)】**　　　　　『광사원』[359]
> 첫째, 그 사람의 근본적인 성질
> 둘째, 곤경에도 좌절하지 않는 강한 성질

　지금도 가끔 듣기는 하지만 어렸을 때 '곤조'라는 말을 정말 자주 들었다. 이웃에 어떤 아저씨가 있었다. 평소에는 무척 착한 분이었는데, 술 한잔 걸치면 고성방가로 동네 사람들에게 민폐를 끼치곤 했었다. 그럴 때마다 어머니는 이렇게 말했다. "옆집 아저씨 술 먹고 또 곤조 부리네" 혹은 "곤조는 있어 가지고"

　'곤조'라는 뜻을 명확히 알기 어려웠지만 그 말에 나쁜 어감이 들어 있다는 것은 알 수 있었다. 황대권도『빠꾸와 오라이』에서 '곤조'의 용례로 "저 놈은 곤조가 더러워서"와 "또 곤조 부린다!"[360]를 예시하고 있는 것을 보면, 역시 '곤조'라는 말은 부정적으로 쓰이고 있다는 것을 잘 알 수 있다. 또한 '곤조'에서 파생된 '곤조통'[361]이라는

359　https://dic.daum.net/KOJIEN(검색일: 2022.11.7.)
360　황대권『빠꾸와 오라이』도솔오두막, 2007, pp.161-162.

말이 '고집불통'을 비속하게 이르는 말이라는 것도 '곤조'의 쓰임을
잘 보여준다.

이와 같은 '곤조'에 대해 박숙희는 『우리말 속 일본말』에서

> 본래는 본성, 근성, 심지 따위를 가리키는 말이었으나, 우리
> 나라에서는 좋지 않은 성격이나 마음보, 평상시에는 드러나지
> 않은 본색, 나쁜 근성을 가리키는 말로 쓰이고 있다. 또한 특수
> 한 직업이나 일 때문에 갖게 된 날카로운 성질이나 성깔을 가리
> 키는 비속어로도 널리 쓰이고 있다.[362]

라고 잘 정리하고 있다.

그렇다면 우리는 '곤조' 혹은 '곤죠'라는 말을 언제부터 사용했을
까? 일제강점기였던 1932년 8월 31일자 『동아일보』에는 다음과 같
은 「現下劇團의 實情을 論하야」라는 기사가 실려 있다.

> 大體 興行師와 俳優와의사이라는 것은 實로 脣齒的인 相互
> 關係라야만될것이어늘 지금까지의 狀態는 正히 그反對로兩
> 者間에 非常한距離를 짓고 잇스니 그原因이 어데잇는가 興行
> 師들은 말한다 從來의俳優들을 볼것가트면 첫재 이 團體에서
> 저團體로왓다갓다하는 一種**납분 '곤조**(根性)'가잇고, 둘재 돈

361 1964년 10월 26일자 『경향신문』에도 감방 풍속을 설명할 때 '곤조통'이라는 말
　　을 사용하고 있다.
　　『경향신문』(1964.10.26.) 「대학 신문가」
362 박숙희 『우리말 속 일본말』 한울림, 1996, p.34.

안주면演劇안한다고 잡바지는 **더러운 '배쌍'**이 잇슴으로서 반
갑지가안타고 누가듯든지그럴쯧하다[363]

위 인용문에는 배우들의 문제점을 지적하는 내용이 있다. 배우에
게는 "납분 '곤조(根性)'" 곧 나쁜 '곤조'가 있고, "더러운 '배쌍'"
곧 더러운 '배쌍'이 있다는 것이다. 여기에 나오는 "납분 '곤조(根
性)'"는 우리가 흔히 말하는 부정적인 의미로 쓰는 '곤조'와 같다.
　또한 1965년 3월 30일자 『조선일보』에는 <낭만시대>라는 글이
연재되고 있었는데, 여기에도 방금 살펴본 것과 비슷한 배우의 문제
점을 지적하는 대목이 나온다.

　　그는 배우들의 자격과 쓸모를 잘알고있기 때문에 기성인(旣
成人)들을뽑아쓰는데 많은 도움이되리라고 믿었다. 배우들중
에는 연기는 나무랄것이 없지만, **일본말로 '곤죠'(根性)라고부
르는 배짱이나빠서** 일하는데 지장도있는것이었다.[364]

1932년 8월 31일자 『동아일보』와 1965년 3월 30일자 『조선일보』
기사를 보면 글쓴이가 '곤조' 혹은 '곤죠'라는 말이 일본어라는 의식
을 가지고 있다는 것을 알 수 있다. 그것은 곤조 혹은 곤죠라는 용어
를 작은따옴표(' ')와 함께 한자를 함께 적는 데서 잘 나타난다.
　우리가 사용하는 '곤조' 혹은 '곤죠'는 일본어 'こんじょう(根性,

363　『동아일보』(1932.8.31.) 「現下劇團의 實情을 論하야」
364　『조선일보』(1965.3.30.) <낭만시대>

konzyou)'에서 유래한 말이다. 그렇다면 일본어 'こんじょう(根性, konzyou)'에는 어떤 의미가 있을까? 앞에서 이미 인용한 대로 여기에는 '그 사람의 근본적인 성질'과 함께 '곤경에도 좌절하지 않는 강한 성질'이라는 뜻이 들어 있다.

첫째, '그 사람의 근본적인 성질'을 나타내는 경우를 좀 더 자세히 살펴보자. 이런 경우에는 보통 '수식어+곤조'의 형태를 취한다. '役人(やくにん, yakunin)根性(こんじょう, konzou)'라고 하면 공무원이 보이는 특유의 성질을 가리킨다. 이때는 긍정적인 의미도 있지만 부정적인 의미도 함께 포함되어 있다. 또는 일본인의 심리적 특징을 나타내는 말로 '섬나라 근성(しまぐにこんじょう, 島国根性, simaguni konzyou)'이라는 말이 있다. 시야가 좁고 폐쇄적이며 사소한 일에 얽매여 여유가 없는 모양을 가리키는 말이다. 이 표현은 보통 부정적으로 쓰인다. 즉, '수식어+곤조'는 수식어의 어감에 따라 긍정적으로도 혹은 부정적으로도 쓰일 수 있다.

둘째, '곤경에도 좌절하지 않는 강한 성질'을 나타내는 경우도 살펴보자. 이럴 때는 상당히 긍정적인 의미로 쓰인다. 그리고 이런 긍정적 쓰임이 일본어 'こんじょう(根性, konzyou)'에서는 일반적이라고 말할 수 있다. 예컨대 우리나라에서도 유명한 일본의 경영인인 이나모리 가즈오는 자신이 창업한 세계적인 기업인 교세라(京セラ, kyousera)가 달성한 성과를 설명할 때 다음과 같이 말한다.

무언가 한 가지 일을 시작했다면 그것을 성공할 때까지 해 나가는 **집념**이, 그것을 이룰 때까지 포기하지 않는 **지속의 힘**이

성공의 필수 조건이라고 믿기 때문이다. 성공할 때까지 절대로 포기하지 않는 **근성(こんじょう, 根性. 인용자)**, 그리고 자신에게 한계를 두지 않는 끊임없는 도전정신이야말로 위기를 기회로 바꾸고, 실패조차 성공으로 바꾸는 에너지다.[365]

위 인용문에서 이나모리 가즈오는 집념, 지속의 힘, 도전정신과 함께 근성(こんじょう, 根性, konzyou)을 들면서 자신의 업적을 설명하고 있다. 이처럼 일본어 'こんじょう(根性, konzyou)'가 수식어 없이 단독으로 쓰일 때는 긍정적인 의미로 사용된다고 볼 수 있다. 성공하기 위해서는 'こんじょう(根性, konzyou)'가 없어서는 안 되는 것이다.

이처럼 수식어 없이 단독으로 쓰이는 일본어 'こんじょう(根性, konzyou)'와 우리가 쓰는 '곤조'는 그 의미가 정반대다. 이런 쓰임에 대해 황대권과 홍근은 다음과 같이 말한다. 황대권은 앞서 인용했던 『빠꾸와 오라이』에서

일본에서는 강인한 정신력을 나타낼 때 쓰는 비교적 좋은 의미의 말인데 이상하게도 한국에 와서는 주로 부정적 의미로 쓰이고 있다. …… 한국에서 …… "그 사람 곤조가 있으니 조심하게!"할 때는 대개 부정적 의미로 쓰이는 것이다.[366]

---

365 이나모리 가즈오『왜 일하는가』서돌, 2010, p.136.
366 황대권『빠꾸와 오라이』도솔오두막, 2007, p.162.

라고 한다. 또한 홍근도 『재미로 읽어 보는 우리말 속의 일본어』에서
아래와 같이 지적한다.

　　"저 사람은 곤조가 있어"라든가 "곤조 없는 사람 있냐?" 또
　　는 "곤조가 더러워~"라고 많이 사용하는데, **우리말 뜻으로는**
　　조금 부정적인 표현이 내포되어 있다고 볼 수 있다. '즉, 안 좋
　　은 성격'이라는 의미가 숨겨져 있다.[367]

　　우리가 쓰는 '곤조'는 '성깔'이라는 말이 주는 의미와 같다고 생각
된다. 예컨대 '곤조가 있다', '곤조를 부리다', '곤조가 사납다'는 '성
깔이 있다', '성깔을 부리다' '성깔이 사납다'로 각각 바꿔 쓸 수 있다.
　　요컨대 우리는 일본어 'こんじょう(根性, konzyou)'의 의미 가운데
'그 사람의 근본적인 성질'을 나타내는 '곤조' 곧 '수식어+곤조'는
일본어의 의미대로 사용한다. 반면에 '곤경에도 좌절하지 않는 강한
성질'을 의미하는 수식어를 동반하지 않는 '곤조'는 일본어와는 정
반대의 뜻으로 사용하고 있다. '곤조'를 문맥에 따라 근본이나 성깔
로 순화하는 것도 필요하지만 우리가 쓰는 '곤조'에 왜 부정적인 의
미가 있는지 곧 그 의미 변용에 좀 더 관심을 기울일 필요가 있다고
생각한다.
　　1920년에 조선총독부가 편찬한 『조선어사전』에는 '근성'이라는
표제어가 없다.[368] 하지만 우리가 '근성(根性)'이라는 한자를 사용

367　홍근 『재미로 읽어 보는 우리말 속의 일본어』 북랩, 2019, p.46.
368　조선총독부 편 『조선어사전』 1920, p.120.

하지 않았던 것은 아니다. 『조선왕조실록』에 실려 있는 숙종실록 53권(숙종 39년 3월 9일)에 따르면 다음과 같은 문장이 나온다.[369]

【원문】

○上中宮殿册文曰:

基王化於宮闈, 協迓駿命; 頌母儀於琬琰, 對崇鴻名。鉅典載陳, 徽猷斯稱。恭惟王妃殿下, 位尊正內, 文貴在中。存一心於相成, 每徹齊詩之夙夜; 贊盛烈於遺義, 深得漢后之《春秋》。邦運賴以克昌, 梱範因之益著。譬凱風之養物, 和澤入人; 體厚坤之承天, **柔德根性**。旣兩極儷其休美, 故二字共此揄揚。玆有祖宗之攸行, 宜副朝野之至望。臣等不勝大願, 謹奉册寶, 上尊號曰惠順。伏惟王妃殿下, 光膺顯册, 佐闡弘圖。敎宣九嬪, 播彤史之炳煥; 慶衍百世, 翼寶祚之靈長。

【번역문】

중궁전(中宮殿)에 올린 책문(册文)에 이르기를,

"궁위(宮闈)에서 왕화(王化)의 터전을 마련하여 큰 명(命)을 맞이하였으며, 완염(琬琰)에다 모의(母儀)를 찬송하며 큰 이름을 올리나이다. 큰 전례(典禮)를 비로소 행하게 됨에, 훌륭한 계획을 이에 드리옵니다. 삼가 생각하건대 왕비 전하께서는 지위는 높아 내전(內殿)을 바로잡으시고, 학문(學文)은 귀중하게 마음에 간직하셨습니다. 일심(一心)은 보상(輔相)하여 이루는

369　http://sillok.history.go.kr/id/wsa_13903009_005(검색일: 2020.10.27.)

데 두시어 언제나 제시(齊詩)처럼 밤낮으로 경계하셨으며, 성
대한 공렬은 유의(遺義)대로 도우시어 한후(漢后)처럼 《춘추
(春秋)》를 깊이 이해하였습니다. 나라의 운수는 그로 인해 능
히 창성하고, 궁중의 법도는 그로 인해 더욱 드러났습니다. 화
풍(和風)이 만물을 기르듯이 온화하는 은택이 사람들에게 스
며들었으며, 중후(重厚)한 땅이 하늘을 받드는 이치를 본받으
시었고, **유순한 덕은 천성(天性)에 근본하시었습니다.** 이미 양
극(兩極)이 그 휴미(休美)를 짝하셨기에 두 글자를 가지고 이
렇게 함께 찬양하나이다. 조종(祖宗)의 행하신 바가 있으니 마
땅히 조야(朝野)의 지극한 기대에 부응하셔야 합니다. 신 등은
큰 소원을 견딜 수가 없기에 삼가 책보(冊寶)를 받들어 '혜순
(惠順)'이란 존호(尊號)를 올립니다.

　삼가 바라건대 왕비 전하께서는 현책(顯冊)을 잘 받으시어,
홍도(弘圖)를 도와 천양하소서. 가르침을 구빈(九嬪)에게 펴셔
서 동사(肜史)의 빛나는 기록을 남기시며, 경사를 백세에 넘치
게 하시어 보조(寶祚)가 장구히 전해 가도록 도와주소서."
하였다.

위 인용문을 보면 원문에 나오는 '근성(根性)'은 '천성(天性)'이
라는 뜻이다. 그리고 『조선왕조실록』에 실려 있는 '근성(根性)'의
용례를 살펴보면 여기에는 일본어 'こんじょう(根性, konzyou)'에 담
겨 있는 '곤경에도 좌절하지 않는 강한 성질'이란 의미는 없어 보인다.
결국 우리가 쓰는 '곤조'는 우리 조상이 썼던 '근성(根性)'의 일본

식 한자 읽기가 아니라고 생각된다. '곤조'는 일본식 한자어 'こん じょう(根性, konzyou)'에 영향을 받은 후, 거기에 의미 변용이 생긴 새로운 말이라고 생각된다.

【곤조】
첫째, (부정적으로)좋지 않은 성격. 성깔
둘째, (부정적으로)평소 드러나지 않는 본색

*

프롤로그에서 우리말에는 '일본식 한자어'가 상당히 많다고 언급했다. 그중에서 여기서는 '곤조'를 골라 자세히 살펴봤다. 이 밖에도 '쇼부(しょうぶ, 勝負, syoubu)' 등 상세히 다루어 보고 싶은 어휘가 적지 않다. 기회가 되면 다음에 소상히 검토하고자 한다.

저자 후기

　'경계의 언어－우리말 속 일본어'는 평소 쓰고 싶었던 주제였다. 대학에 들어가서 일본어를 처음 접했을 때부터 지금까지, 또한 일본에 유학하러 가서 일본고전학을 본격적으로 공부하면서부터 지금 이 순간까지 나에게는 "한국인으로서 일본학을 왜 하는가?", "이 공부가 우리 사회와 학문 발전에 어떤 도움이 되는가?"와 같은 질문이 항상 따라다녔다. 물론 이런 물음이 꼭 필요하다는 것은 아니다. 실용적이지 않다고 해도, 눈에 보이는 효용성이 없다고 하더라도 해야 하는 것이 학문이기 때문이다. 하지만 위와 같은 자문(自問)에 스스로 대답하고 싶었다.

　프롤로그에서 이미 언급했듯이 우리말에 살아남아 있는 일본어는 오염물이고, 찌꺼기이기에 순화해야만 한다는 견해가 학계에서나 일반 시민사회에서 지배적이라고 말할 수 있다. 틀린 말은 아니다. 하지만 이것만으로는 부족하다고 생각한다. 왜냐하면 그렇게만 바라보면 오염물이고 찌꺼기인 일본에서 유래한 어휘를 사용했던 식민지 조선의 언중과 지금의 언중을 너무나도 수동적이고 아무런 의식이 없는 객체로만 바라보기 때문이다. 또한 우리의 언어생활에서 일정한 역할을 했던 그 말들의 쓰임을 올바로 보지 못하기 때문이다.

　유종호는 『사라지는 말들－말과 사회사』에서 한국전쟁, 경제 성장에 따른 생활 수준 향상, 권위주의 문화 쇠퇴, 과학기술의 발달 등과 같은 다양한 사회 변동으로 기존에 쓰던 우리말이 사라지기도 하고 새로운 말이 생겨나기도 했다고 말한다.[370] 본서에서 살펴본 우리가 사용하고 있는 '고유 일본어'와 '일본식 외래어'에 보이는 의미상의 변용도 이런 사회 변동과 결코 무관할 수 없다고 생각한다. 그리고 그런 의미 변용은 당대의 우리 사회를 잘 보여주고 있었다.

이 글을 쓰는 내내 "이제는 일제강점기가 남긴 여러 가지 문제를 좀 더 객관적으로 볼 때가 되지 않았나?"라고 생각했다. 왜냐하면 지금은 전환의 시대이기 때문이다. 국내적으로는 저출산·초고령화가 빠른 속도로 진행되고 있고,[371] 국외적으로는 세계화가 끝나가고 있다. 한편 한일 간에는 실질 소득의 역전이 일어나고 있고 상호간에 인식 변화가 크게 생기고 있다. 특히 한일 간의 변화를 생각할 때 우리말 속의 일본어를 새롭게 바라보는 것은 그 의의가 적지 않다고 생각한다.

본서를 집필하는 시간은 즐거운 여정이었다. 1940년 중후반에 태어나신 아버지와 어머니의 언어생활에 대한 기록이기 때문이었다.[372] 또한 이런 부모님과 함께하면서 유년기와 청소년기를 보낸 나의 추억과 기억을 소환하는 귀중한 기회였기 때문이었다.

---

370 유종호『사라지는 말들 − 말과 사회사』현대문학, 2022, pp.13-419.

371 특히 초고령화의 위기와 기회에 대해서는 아래와 같은 책에 자세히 나와 있다. 이시형『이시형의 신인류가 몰려온다』특별한서재, 2022, pp.5-295.

372 최근에 오종남의『은퇴 후 30년을 준비하라』를 읽었다. 여기에는 고도성장기를 보낸 부모세대의 교육관과 노후에 관한 이야기가 나와 있다. 본서와 직접 관련된 내용은 아니지만 광복 직후 세대의 의식을 알 수 있다는 점에서 흥미롭다고 생각한다. 오종남『은퇴 후 30년을 준비하라』삼성글로벌리서치, 2009, pp.6-142.

저자 약력

▌박상현

건국대학교 사범대학 일어교육학과를 졸업했고, 일본의 홋카이도 (北海道)대학교에서 역사지역문화학 전공으로 박사학위를 받았다. 경희사이버대학교 일본학과에 재직하고 있다. 학술적 에세이라는 글쓰기를 통해 전공에 관련된 전문 지식을 일반 독자에게 좀 더 알기 쉽게 전달하고 싶다는 바람을 가지고 있다. 주요 저서에는 『한국인에게 '일본'이란 무엇인가』(개정판 『한국인의 일본관』), 『일본문화의 패턴』, 『일본인의 행동패턴』, 『(타문화의 이해와 존중을 위한) 일본어한자이야기』 등이 있고, 번역서에는 『일본 국문학의 탄생』 등이 있다.

■ koreaswiss@khcu.ac.kr

경계의 언어
-우리말 속 일본어-

초판 1쇄 발행   2023년 09월 12일
초판 2쇄 발행   2024년 05월 07일

저   자   박상현
발 행 인   윤석현
발 행 처   박문사
책임편집   최인노
등록번호   제2009-11호

우편주소   서울시 도봉구 우이천로 353
대표전화   02) 992 / 3253
전   송   02) 991 / 1285
홈페이지   http://jnc.jncbms.co.kr
전자우편   bakmunsa@daum.net

ⓒ 박상현 2024 Printed in KOREA.

ISBN 979-11-92365-38-1   03700   정가 20,000원